STORIE DI STREGHE

Assunta De Santis

Contenuti

CAPITOLO 1

LA VECCHIA STREGA

Vincitore del Premio Scheletri 2022

Stefano scosse il capo, alzò gli occhi. «Ma sei un ragazzino, Dagor, sembri un sadico tredicenne! Eddài, cerchiamo di venir fuori con un'idea decente, per una volta!»

Dagor prese un'altra formica fra pollice e indice, strinse per stordire l'insetto, serrò gli occhi e lo lanciò verso la tela. Sbuffò. «Ci è passata di nuovo attraverso, diavolo, ma non possono fare le tele più fitte 'sti cavolo di ragni?» Poggiò le ginocchia a terra, «ora devo trovarne un'altra, che palle.»

Sulla panchina del giardinetto verniciata di blu Stefano strinse i denti. Un crampo di fame gli tormentò lo stomaco. «Lavorare tutta la settimana per quel maledetto Bortolotti e non avere neanche cinquantamila lire per la sala giochi e la paninoteca. Che schifo di vita.» Sputò un grumo di saliva spesso come muco. «Neppure i soldi per le sigarette, dico.»

I due indossavano jeans stracciati e giubbotti lucidi, avevano i capelli rasati e fazzoletti neri a coprire i volti. Dagor frugò nella tasca del bomber color cobalto, tirò fuori un pacchetto di Marlboro e glielo lanciò. «Fuma e non rompere.»

«E da quando hai queste?» Stefano si guardò attorno come temesse che da un cespuglio saltasse fuori qualcuno a portargli via il pacchetto, ne sfilò una, l'accese, buttò la testa all'indietro. «A stomaco vuoto fanno girare la testa, le Marlboro, e ho fame.»

«Anche questa puttana, guarda come fa provviste!» Dagor lanciò un'altra formica nella tela. «Oh, finalmente!»

Il corpo nero rimase appeso a un filo, cominciò a dimenarsi. Da un rametto apparve un ragno tozzo e glabro, filò verso la formica, la bloccò, ruotò le due zampe anteriori. Il filo avvolse la formica, un primo strato, un secondo e un terzo, l'insetto diventò una minuscola mummia avvolta in un sudario bianco.

Dagor si alzò, si passò le mani sulle ginocchia. «Brava la mia ragazza, così, ottimo lavoro!» Ghignò. «Lo sai che dentro quel bozzolo l'insetto è avvelenato ma vivo? Pensa cosa deve provare, sa che gli capiterà qualcosa di orrendo e non può scappare, non può muovere un muscolo e nessuno al mondo lo toglierà da lì. Il terrore che starà provando!» Rise scoprendo due file di denti piccoli e gialli, denti da latte nel cranio di un ventenne alto uno e ottanta.

Stefano si massaggiò la pancia per coprire un lungo borbottio, distolse lo sguardo dalla ragnatela. «Senti Dagor, in questi giorni m'è venuta un'idea per fare un bel botto di soldi senza fatica, se mi offri una pizza te ne parlo, l'idea è mia ma facciamo a metà se mi aiuti.» Tirò una boccata dalla sigaretta.

Dagor sorrise, s'incamminò verso la Stazione di Proul, trecento metri e c'era la piazzetta del mercato con la fontana e i negozi. La pizzeria La Capannina era lì accanto. «Far soldi, dici, Stefano?» Fissò per l'ultima volta la ragnatela con il buco e la minuscola mummia.

Stefano sbandò, la sigaretta gli aveva messo le vertigini. Socchiuse gli occhi. «Sì ti dico, sono giorni che ci penso, e più ci penso più mi sembra una stronzata non fare quello che ho in mente.»

«Addirittura!» Dagor allungò la mano per farsi ridare il pacchetto bianco e rosso. «Guarda che le siga si chiamano Pietro, Stefano.»

Si avviarono sulla stradina asfaltata piena di buche e di erbacce al margine del fossato.

Stefano sfilò una Marlboro dal pacchetto e se l'infilò dietro l'orecchio, allungò di malavoglia il pacchetto all'amico. «Me la offri la pizza o no?»

Dagor fece finta di pensarci, esitò, guardò altrove.

«Come vuoi, lo chiedo a qualcun altro allora e vaffanculo!»

«E non stressarti così, raga, calmo. Mica ho detto niente, ci sto pensando. Ma prima dammi una traccia.»

Stefano allungò il passo. «La vecchia Brioni, quella che vive come una barbona là dietro.» Fece un gesto vago verso la ferrovia,

«dall'altra parte del passaggio a livello della Statale.»

«La strega?» Dagor sgranò gli occhi.

«Sì, sì, la barbona. Quella che sta sempre da sola, non l'ho mai vista parlare con nessuno. Lo sanno tutti che ha un tesoro nascosto

da qualche parte in quella fogna dov'è accampata. Noi ci andiamo e con le buone o con le meno buone ci facciamo dire dov'è, lo prendiamo e filiamo a Torino. Che ne dici?»

Dagor scoppiò a ridere, si sfregò le mani. Fece un piccolo gesto con il pollice e l'indice della destra, come se sfregasse una cartina sui polpastrelli, mosse la mano verso l'esterno e divaricò le dita. «Dico che mi sembra un'ottima idea, ma ci serve un piano. Eccome se ci serve un piano.»

Stefano ghignò trionfante. «Andiamo alla Capannina e te lo spiattello per filo e per segno il piano.»

Detto fatto.

Dagor si portò le dita al naso. «Questo posto puzza di fogna anche da lontano, che schifo!» Scosse il capo.

Stefano incassò la testa fra le spalle. «Abbassa la voce che ci sente, la vecchia!» Si guardò attorno.

Il sole era scomparso dietro le montagne, la luce si attenuava e le ombre si allungavano, una foschia limacciosa avvolgeva le ultime case di Proul, la ferrovia, i cartelli stradali e, sullo sfondo, il casale semi diroccato con i tre grossi castagni nel cortile. Attorno al casale un mare di rifiuti e pezzi di automobili, elettrodomestici smontati, sagome arrugginite di oggetti abitati da erbacce o blatte e topi di fogna.

Stefano si mise la sciarpa della Juventus sopra la bocca e il naso.

«La vecchia non ha acqua corrente, e fa tutto nei secchi ma i secchi poi mica li svuota, se li tiene in casa o nel giardino, d'estate ci sono sciami di mosche che sembrano nuvole, se fossimo un posto turistico ci sarebbero già passati sopra con le ruspe, Dagor, altro che balle!»

«Quella è là da sempre, Stefano, e ci rimarrà fino alla fine dei tempi, te lo dico io.» Dagor s'irrigidì, spalancò gli occhi, «scherzo, scherzo, dai andiamo se no non possiamo mica contare sull'effetto sorpresa!»

I due accelerarono il passo, raggiunsero il cancelletto del cortile, lo scavalcarono, si piegarono in due e corsero fino alla porta.

«Pronto?» Dagor indietreggiò. «Che puzza, mi sa che è dentro, la vecchia.»

E dove vuoi che sia, piciu. Stefano annuì.

Dagor in due falcate fu davanti alla porta, sollevò la gamba destra mirò alla serratura e diede un calcione.

Un rumore di legno secco e ferro sfinito, la porta si spalancò. Un miasma di fogna li avvolse.

Una lampada da campeggio era accesa nel centro di uno stanzone enorme strapieno di sacchi dell'immondizia, lavatrici sfondate e, appesa alla parete di fronte, una credenza in ottime condizioni, stipata di cartacce e sacchetti della spesa.

«Sorpresa vecchia baldracca, siamo venuti a vedere come stai!» Urlò Dagor con la voce acuta per l'eccitazione.

Una vecchia seduta su una poltroncina anni Cinquanta mosse il corpo informe avvolto in un cappotto da uomo. Si infilò una mano sotto il cappello di lana e si grattò la testa. Una ciocca di capelli grigi e luridi fuoriuscì dal cappello, ricadde sulla spalla. Era unta e piena di nodi.

Dagor le balzò addosso. «Ci aspettavi, vecchia?» L'afferrò per il cappotto e la tirò su di peso. «Madonna quanto puzzi, ma ogni cosa a suo tempo. Ora dicci dove tieni il malloppo.»

La vecchia mosse le labbra lucide di saliva.

Stefano provò una fitta al petto, distolse lo sguardo. Speriamo solo di fare in fretta, molto in fretta.

«Tua madre non lavora più qui, Dagor, puoi cercarla altrove.» La voce della vecchia uscì dalla gola come il raschiare di un chiodo sulla carta vetrata.

Dagor la colpì con un ceffone e la scagliò a terra.

«Guarda si è ripresa. Avevo paura che l'avessi ammazzata, Dagor.

Si muove.»

Dagor si premette il fazzoletto davanti al naso, rovesciò l'ultimo sacco dell'immondizia accanto alla credenza, un'espressione di schifo stampata in faccia. Si chinò sulla vecchia: «Allora vecchia baldracca, ce lo dici dove tieni i soldi o preferisci che ti ammazziamo di botte?!»

Dietro di lui Stefano raccolse dal pavimento una scheggia di legno lunga una spanna. Ne premette la punta contro il polpastrello e ghignò. «Mi sa tanto che questa vecchia balorda ha voglia di farci far fatica, stasera, Dagor.»

Le puntò la scheggia sulla fronte. «Lo vedi? Sai quanto male possiamo farti con questo oggetto da nulla, vecchia?»

La vecchia urlò. Un suono come il raschiare di un rastrello sulle pietre.

I due s'irrigidirono. Stefano le allungò un calcio con la punta dell'anfibio. «E non strillare, vecchia baldracca, che se ci fai scoprire...»

La vecchia, mugolò e si contorse. «Voi due fate una brutta fine, stanotte.» Sussurrò.

«Ma la senti che minaccia pure?» Dagor si guardò attorno, raccolse un bastone.

Stefano lo trattenne per un braccio. «Sta' tranqui, ci deve solo dire dove tiene i soldi, poi ce ne andiamo e ciao.»

La vecchia scoppiò a ridere. Mise in mostra due grossi denti anneriti e le gengive grigie.

I due guardarono altrove.

Stefano strizzò l'occhio destro e lo riaprì. «Che razza di casino che c'è qua dentro, sembra una cavolo di discarica!» Strizzò l'occhio un'altra volta.

«Ma guarda che fa l'occhiolino, il cucciolo, proprio come il nonno.» Stefano sobbalzò. Spalancò gli occhi, gli tremò il labbro superiore.

«C...che ne sai tu del nonno, non è mai venuto qui!» Fece uno sforzo con tutto il corpo per trangugiare un bolo di saliva.

«Il nonno grasso che ti faceva giocare al paziente del pronto soccorso quando la nonna non c'era, ricordi?» Sibilò la vecchia.

Stefano indietreggiò. «Come... come lo sai? No, non è vero, vecchia baldracca di merda!»

Dagor fece un sorriso storto. «Anche tuo nonno giocava col tuo pirillino da piccolo? anche il mio, sai, e una volta mi ha pure infilato un dito nel...»

«Zitto coglione, sta' zitto!» Stefano afferrò una catena e la scagliò contro Dagor. La ferraglia descrisse un breve arco nell'aria polverosa e lo colpì sullo zigomo.

Il ragazzo si chinò, la mano premuta sul viso, emise un lungo lamento. «Guarda cos'hai fatto!»

Stefano afferrò la vecchia per il cappotto e la strattonò forte. Ne scaturì una zaffata di fogna e pesce andato a male, mollò la presa e alzò la gamba per rifilarle un calcio. Sbagliò mira e colpì un mobiletto di legno che andò in frantumi, un cassetto si aprì e una serie di palle si riversò sul pavimento.

«Ma sono teste di...» Stefano spalancò la bocca in una smorfia schifata.

«Gatti, i miei poveri mici che sono mancati. Non c'è bisogno che ti riscaldi tanto, sono solo i miei gatti.»

«Ma perché diavolo li tieni nel cass...»

Dagor si gettò su Stefano, il volto insanguinato e gli occhi stravolti, lo bloccò a terra e gli sferrò un pugno sul naso.

«Su, su, ragazzi, non litigate fra di voi, siete venuti per derubarmi, no? Cercate di collaborare, almeno.» Non c'era una briciola d'ironia nella voce della vecchia.

Sotto i pugni e i ceffoni del socio, Stefano provò un brivido di orrore, la voce della vecchia era la voce di suo nonno, quello che lei non aveva mai visto, e le parole le stesse che il vecchio usava con lui e il fratello quando si accapigliavano per un gioco.

«Cercate di collaborare.» Questa volta la voce era quella di una vecchia barbona sdentata.

Dagor si alzò e fece due passi indietro.

«Cooosì, da bravo, ora fate la pace e stringetevi la mano. Su, da bravi tutti e due.»

Con il sangue che gli colava dallo zigomo e l'occhio destro che si rimpiccioliva sotto un ematoma già violaceo, Dagor fece un passo verso Stefano, gli scoccò un'occhiataccia e con un movimento da marionetta gli tese la mano.

Stefano rabbrividì, gli occhi del socio si erano come svuotati, che ne era stato del suo amico?

«Così, ecco, fate la pace.» La vecchia abbassò la voce in un sussurro.

Stefano avvertì il suo corpo rialzarsi e avanzare verso Dagor. La mano si allungò da sola, lui cercò di trattenerla, nulla, era così forte, viva, intercettò la mano di Dagor e la strinse come la caricatura di un saluto fra marionette. Oddio santo ma cosa sta succedendo, non ci credo, no, non ci credo!

«Sbrigate le formalità,» sussurrò la vecchia, «dovreste decidervi, li volete i miei tesori o preferite consolidare la vostra amicizia?»

Questa è la voce di mia mamma! «Mamma?» Stefano gemette.

«Mamma? Sei tu?»

«No, sono la vecchia che state derubando, dopo aver compiuto violazione di domicilio, sequestro di persona e lesioni, forse addirittura lesioni aggravate se i calci che mi avete dato mi hanno azzoppata.»

«No, non è possibile!» Stefano si mise le mani fra i capelli.

«Smettila, smettila che ti ammazzo!»

Dagor continuava a muovere la mano in su e in giù come se stesse ancora stringendo la sua. Gli occhi spalancati, vuoti, fissi nel nulla.

«Smettila di far cosa, ragazzo?» Sussurrò la vecchia.

Stefano fu percorso da un brivido. Sudore gelido gli colò dalla fronte, lungo le guance, gocciolò sul collo. La voce di mia madre!

«E poi, non mi hai già ammazzata, dico ammazzata, sei anni fa?»

Stefano ebbe un conato. Si piegò in due ma dallo stomaco non uscì nulla. Ma come fa a sapere, come può fare la sua voce... non è possibile, non può essere... Uno spasmo gli contorse lo stomaco, una saettata di dolore gli percorse le costole.

«Incidente domestico, no? Papà ti ha coperto con la Madama? Ma certo, anche lui ci andava pesantuccio con la sua povera donna, ma tu... oh, tu quello spintone gliel'hai dato proprio nel momento giusto, no? In cima alla scala, con tutte e due le braccia dei tuoi quindici anni nerboruti, ti aveva negato i soldi per le Diana Blu e tu cosa fai? Mica il figlio coscienzioso che smette di fumare o se ne va a lavorare, no, tu Stefano Minghelli, ti trasformi in matricida e fai volare giù la tua vecchia dalle scale di casa. Ma pensa che coraggio!»

Stefano si avventò sulla vecchia, l'afferrò e la scosse. «Io ti ammazzo vecchia disgraziata, giuro che ti ammazzo con queste mani, ti faccio fuori, ti scanno come una scrofa!»

Dal capo unto saltellarono tre pidocchi. La vecchia urlò con la voce da rastrello.

Dagor emise un mugolio. «Hai davvero fatto fuori la tua vecchia, sei stato tu a spingerla, sto stringendo la mano di un matricida, un matricida, assassino di sua madre, per un pacchetto di Diana, che roba, sto proprio stringendo la mano di un omicida. Che roba, che roba che roba.»

Stefano strinse con più forza il bavero del fetido cappotto e girò la testa.

Dagor, irrigidito e assente, stringeva una mano invisibile, lo sguardo perso nel cumulo di rifiuti e macerie di fronte a lui.

«Dai che si va a botta sicura stasera, Dagor.»

Stefano lasciò la presa e inorridì, la voce che usciva dalla bocca tumida di Dagor era la sua, le parole erano quelle che gli aveva detto la sera prima, alla Capannina. "Quella è una mezza barbona che vive peggio di una zingara, il casale è diroccato, isolato, ma fidati, io so che non è mica povera, è solo matta, è piena di soldi e vive da barbona, ma i soldi e gli ori li tiene in casa, se si può chiamare casa. Il nipote se n'è andato, era uno tosto, tosto ma idiota, non dobbiamo neanche occuparci di lui, un gioco da ragazzi, davvero. Si va, le si mette un po' paura, magari qualche sberla, niente di serio, ci prendiamo ori e contanti e si fila a Torino, una volta che si calmano le acque piazziamo gli ori e siamo a posto, capisci che è un giochetto da gagni?"

Stefano fu investito da un conato acido che gli riempì la gola e salì verso la bocca, si girò e vomitò. La gola gli prese fuoco, tossì, la vista oscurata dalle lacrime. Il rumore della catena, ferro e ruggine in movimento. Si passò la manica del giubbotto sugli occhi. Sotto di lui non c'era più nessuno. «Ma dove...» Strizzò gli occhi. Inspirò l'aria che sapeva d'immondizia e polvere. «Senti Dagor, mi sa che questa ci ha drogati o non so, ma è meglio se ce ne...»

Una botta fragorosa esplose sulla sua nuca. Buio e silenzio.

Una lampadina pendeva dal soffitto di travi di legno, appesa a un cavo nero che sembrava di liquirizia. La luce gli fece venire una bolla di mal di testa.

Un bicchiere di plastica gli sfiorò le labbra. Plastica bianca, sottilissima, come quelle delle feste delle Medie.

«Bevi, Stefano, è acqua di pozzo. Buona. Ti fa bene.» La voce di Dagor.

«Cosa succede, Dagor, dove sono?» Mosse le braccia, non riuscì a sollevarle, qualcosa lo tratteneva. Fasce di cuoio gli stringevano i polsi. Più in basso, altre fasce gli bloccavano la vita e le caviglie.

«Perché sono... legato?» Stefano si scosse con violenza, un'esplosione di dolore gli incendiò la testa.

«No, non sforzarti, ti fai male se fai così.» Dagor gli versò dell'acqua sulla nuca.

«Liberami subito!» Una nuvoletta di vapore gli uscì dalla bocca assieme alle parole. Rabbrividì.

Non c'erano finestre, pareti e soffitto erano di pietra, tutto incastrato al millimetro. Ossa ricoprivano il pavimento, due lampade alogene illuminavano uno stanzone che doveva trovarsi sottoterra.

«Non posso Stefano, sei nella tela, ora.» Dagor si morse il labbro inferiore, gli occhi erano spalancati, sembrava dispiaciuto.

«Ma quale tela, Dagor, toglimi questi legacci... ma dove diavolo siamo?!» Stefano era appeso a una parete. «Sei suo complice, sei sempre...» Sussurrò. Deglutì. Si guardò attorno, stravolto.

«Sono la mano che getta la formica, Stefano.» Dagor si allontanò senza smettere di guardarlo. Dietro di lui comparve la vecchia. Sembrava più stanca e lurida. «E io sono il ragno, sei nella mia tela, ragazzo mio.» La sua voce divenne melodiosa.

Stefano abbassò lo sguardo. Le ossa erano umane, c'erano tibie, costole, clavicole e teschi, tanti, tanti teschi.

«C...cosa mi vuoi fare, vecchia? Mi verranno a cercare, sai?»

«Chi? Chi ti verrà a cercare, ragazzo, chi?»

Stefano abbassò lo sguardo. Sospirò. «Cosa vuoi farmi?»

La vecchia strega scosse il capo. «Niente. Non voglio farti niente, Stefano. Voglio solo che mi tieni compagnia, qui sotto, per sempre, fino a quando anche tu, come loro, come i gatti, come tutti quelli che hanno la fortuna di poter morire... muoiono. Nient'altro.» Aveva parlato con un accento mesto, da donna sfinita che non ne può più.

Stefano strillò. «No, no, per favore, no, fammi andar via... prometto che...»

La vecchia gli mise un dito lurido e crostoso sulla bocca. Si era tolta il cappello di lana, il cranio era glabro e coperto di bubboni grossi come mandarini, alcuni avevano le sembianze di piccoli volti con occhi, nasi e bocche appena abbozzati, altri avevano solo un buco scuro da cui colava siero misto a pus. L'odore era di carne marcia e di pesce andato a male. Lunghi capelli solitari formavano chiazze scure, si allungavano verso il collo, sulle spalle, si sfilacciavano come spaghi.

Il liquido colava sul cappotto e gocciolava a terra. La strega scosse quel capo mostruoso. «No, non promettere, non mantenete mai, promettete e promettete e se vi lascio andare sparite. Starai qui con me. Mi darai un po' del tuo sangue, certo,» con lo sguardo indicò un tubetto di plastica trasparente arrotolato ai piedi di un pintone incrostato, «ma più che altro starai qui sotto e ci terremo compagnia. È dura ammazzare il tempo da soli, sai. Come l'insettino nella tela, vivo, immobile e in attesa della fine, qui con me. L'insettino non sta poi così male come pensa Dagor, vedi, non sa di essere immobile, né a cosa servirà il suo corpo, se ne sta tranquillo, senza fame né freddo né paura. In pace. Ecco, Stefano, se c'è una cosa che manca a voi esseri umani è la pace. Io ho deciso di donartela.»

Stefano scoppiò in singhiozzi.

CAPITOLO 2

BI STRIGA

Anche quella sera, come tutte le altre da un paio di settimane circa, la Pianura Padana sembrava un paesaggio lunare: l'erba ghiacciata brillava alla luce della luna, ogni singolo stelo gelato pareva flirtare con quel bagliore argenteo che falciava il paesaggio al pari di un riflettore gigante che, sbucato fra le nubi basse che somigliavano a batuffoli di cotone sfilacciati, rischiarasse i campi, impreziosendoli come fossero tappeti di diamanti.

In periferia le case isolate sembravano posizionate a casaccio, come una manciata di sassolini gettati di fretta o come il lancio di dadi in una mano fortunata. Il silenzio copriva tutto quanto come una coperta pesante che attutiva ogni suono, impediva qualsiasi rumore.

In una di quelle case dalle finestre illuminate viveva una famiglia qualsiasi: madre, padre e un bambino; il piccolo Luca per la precisione.

Luca aveva otto anni, capelli biondi come la mamma, occhi chiari come il papà e una risata contagiosa, cristallina.

Il piccolo di famiglia si sta preparando per andare a dormire; in questo preciso momento si trova in bagno, avvolto nel suo pigiama azzurro con la casacca a bottoni ed il colletto bianco.

Adora quel pigiama.

Dalla cucina sente i suoi genitori che stanno discutendo, cercano di non farsi sentire ma le loro voci gli arrivano come echi distanti attraverso i muri. Stanno parlando ancora dei due fratellini scomparsi in un paese poco distante, spariti nel nulla. Avevano più o meno la sua età. Luca ricorda che la più piccola dei due era scomparsa insieme al suo peluche preferito: un grosso orso marrone a cui mancava un occhio.

Si specchia mentre lava i denti con lo spazzolino elettrico e, una volta sciacquata per bene la bocca, si aggiusta il ciuffo biondo che, indomito, insiste a scendere a coprirgli l'occhio destro. Nella sua cameretta Luca prosegue nella lettura dell'ultimo libro della serie

"Piccoli brividi", con il piumone fin sotto il mento, tenendo fuori giusto la porzione di dita che gli servono per poter girare le pagine. Gli è sempre piaciuto lottare contro il sonno mentre, sbadigliando, si costringe a leggere qualche riga ancora, con le palpebre che si abbassano e gli occhi che si incrociano nell'atto di addormentarsi.

Al culmine della resistenza spegne la lampada di Winnie the Pooh sul comodino e si porta il libro sotto il piumone, per poterlo stringere al petto mentre si addormenta.

La casa è immersa nel buio: al piano terra la moquette del salotto è illuminata dal chiarore della luna che entra attraverso l'ampia vetrata della porta scorrevole che dà sul giardino interno. In cucina brilla il riverbero che i raggi lunari ricavano dalle lame dei coltelli parzialmente infilati nel ceppo di legno, accanto al lavello; salendo la scala che porta al piano superiore la luce crea tenui riflessi sul corrimano, lucido di olio paglierino. Il bagno è costellato da bagliori prodotti dallo scintillio delle piastrelle azzurre e dello specchio immacolato; la camera di mamma e papà è completamente buia perché loro amano dormire nell'oscurità più completa, mentre nella cameretta di Luca si svolge un gioco di luci e ombre che si inseguono sulle pareti color pesca: sopra il suo letto danzano le ombre spettrali degli alberi, le cui fronde si muovono proiettandosi paurosamente sul muro.

Il sonno del bambino è agitato: senza sosta Luca si gira e rigira, avvolgendosi nel lenzuolo, la fronte è imperlata da goccioline di sudore e dal fondo della gola escono lievi mormorii cupi, gutturali.

Un sussurro continuo in sottofondo lo disturba e lo induce a compiere movimenti irritati e il piccolo, dapprima ancora con gli occhi chiusi, poi sempre più cosciente, riconosce il lieve fruscio di una voce che mormora incessanti fiumi di parole, come il bisbiglio di una preghiera solitaria. Con estrema cautela Luca apre un occhio, appena appena, a mo' di fessura e, spiando il muro alla sua destra con la testa ben nascosta sotto il piumone, si trova ad osservare una strana ombra ben definita che non corrisponde a nessun oggetto nella stanza. Con grande sforzo, si costringe ad aprire anche l'occhio sinistro e molto lentamente ruota su sé stesso, portandosi in posizione supina, con il volto ancora riparato sotto il piumone che tiene ben saldo fra le mani. La specie di cantilena si interrompe di

colpo e Luca trova il coraggio di scoprire il viso a poco a poco e mai si sarebbe aspettato di vedere ciò che in quel momento sta davanti ai suoi occhi spalancati, occhi che ormai hanno abbandonato ogni traccia di sonno, allo stesso modo dei sogni che, al risveglio, si sfilacciano come trame impalpabili che scompaiono nell'aria, senza lasciare traccia.

L'accenno di un sorriso timoroso compare sul suo faccino: un sollievo abbozzato, titubante, come se il bambino non pensasse di poterselo permettere; è spaventato, quello sì, ma di una paura che non lo fa gridare ma che gli fa piacevolmente formicolare il cuoio capelluto e rizzare i biondi peli delle braccia, ancora sottili, appena accennati.

Una vecchia signora se ne sta appollaiata in fondo al suo letto, in una posizione che sfida qualsiasi legge della fisica, con il baricentro spostato all'indietro ma comunque, in qualche modo, in equilibrio stabile sul legno levigato.

In testa sfoggia un buffo cappellaccio nero a tre punte, con tanto di fibbia color oro sul davanti della tesa; i capelli grigi sparano in ogni direzione, come fossero stati impomatati o investiti da un'intera bomboletta di lacca spray. Sono come scolpiti. Nonostante la semi-oscurità della stanza Luca riesce a vederle bene il viso: la carnagione appare di un rosa acceso, come se la donna fosse molto accaldata nonostante il freddo nella camera; una raggiera di rughe profonde la solca sotto gli occhi e intorno alla bocca. Le sue pupille sono chiare, di un azzurro acquoso ma accese come tizzoni ardenti e il naso adunco mostra, quasi sulla sommità, un grosso bubbone peloso.

Mostrando un ghigno beffardo l'anziana signora abbar-bicata al suo letto, si porta un dito storto e scheletrico davanti alle labbra, invitandolo a stare in silenzio.

Luca non si sognerebbe nemmeno di fare rumore e continua invece a sorriderle estasiato, mostrando i suoi dentini candidi e perfetti; quelli di lei invece sono gialli e scheggiati, in alcuni punti addirittura mancanti e ciò le conferisce, se possibile, un aspetto ancora più buffo.

Per un istante che pare non debba finire mai i due si osservano, con sguardi indagatori. Entrambi appaiono curiosi e tengono gli occhi

fissi uno in quelli dell'altra, ispezionandosi, facendo conoscenza.

Nel tempo di un battito di ciglia l'anziana signora si ritrova accanto al letto e Luca nemmeno se ne accorge, non riesce a spiegarsi come abbia potuto spostarsi così rapidamente, senza che lui riuscisse a vederla.

"Deve essere una specie di maga" pensa il ragazzino.

Ora la donna se ne sta in piedi accanto a lui, nella penombra della stanzetta debolmente rischiarata dalla lampada che getta pozze di luce ambrata, e con una mano nodosa gli arruffa delicatamente i capelli biondi e setosi. Lei, intanto, non gli toglie gli occhi di dosso ma questa cosa non lo infastidisce e neppure lo spaventa: il suo sguardo è ricco di amore e complicità, nemmeno la mamma sa guardarlo in quel modo.

Dal canto suo la vecchia se lo sta mangiando con gli occhi, attirata da quei candidi dentini che, insieme ai suoi occhi spalancati, la inebriano e amplificano i suoi sensi.

Non aveva mai avuto un bambino. Non suo almeno.

Dopo qualche istante trascorso così la signora allarga il sorriso mentre incassa la testa nelle spalle, come a suggellare un legame appena accennato, una decisione presa di comune accordo e in quel preciso istante la mente di Luca viene travolta da un'unica parola che lo investe come un camion: Agata.

Ora anche Luca conosce il suo nome e non ha dubbi sul fatto che la donna sapesse il suo ancor prima di svegliarlo in piena notte.

Delicatamente la vecchia lo aiuta a districarsi dalle lenzuola e a scendere dal letto, infilandosi le pantofole di Topolino e in un attimo, si trovano in giardino, come se si fossero mossi senza toccare terra e per un istante il bimbo gira la testa per guardare la finestra aperta della sua cameretta, a quasi quattro metri dal suolo.

Giunti al muretto che delimita la proprietà, la vecchia signora spicca un balzo per oltrepassare l'ostacolo, sempre tenendo Luca per mano ma, più che un salto, al bimbo sembra per un attimo di volare ma è la sensazione di un momento, già passata appena te ne accorgi e in un lampo si trovano fuori dal giardino, dall'altra parte, nello spazio aperto.

Correndo come se fossero inseguiti dal Diavolo in persona, attraversano alcuni ettari di campi, delimitati da grandi alberi, le cui

fronde rinsecchite, agitate dal vento notturno, sembrano bisbigliare un sinistro complotto. Luca non ricorda di aver mai corso così forte, a dire il vero non gli sembra nemmeno di compiere alcuno sforzo, letteralmente trascinato per mano dalla sua nuova amica.

Proprio mentre stanno sfrecciando tra i vari appezzamenti, il bimbo ha appena il tempo di dare una rapida occhiata alla sua sinistra e, con la coda dell'occhio, gli sembra di scorgere alcuni bimbi in fila, uno accanto all'altro e, neppure da così lontano, gli sfugge la loro espressione triste e il fatto che sembrino quasi trasparenti, al punto che riesce a vedere attraverso di loro il bosco che si erge ora cupo e minaccioso. In particolare, come al rallentatore, scorge una bimba più o meno della sua età: se ne sta lì in piedi, con il viso rivolto verso il basso, ha lunghe trecce che le scendono sul petto e un orsacchiotto di peluche stretto nella sua mano sinistra; la destra invece è ben salda in quella di un altro ragazzino, poco più alto di lei, che invece guarda Luca con un'espressione rassegnata, mista ad un triste rimprovero. Gli ricordano qualcuno ma non riesce a collegare.

Poi tutto riprende a scorrere a velocità pazzesca così ha giusto il tempo di indirizzare loro soltanto un rapido saluto con la manina libera.

Poco dopo i due fuggitivi si ritrovano in una radura appena fuori città, un prato aperto, senza recinzioni, con l'erba bassa e umida. Lo spiazzo è rischiarato dalla luna che getta una cascata di luce fredda e spettrale sul posto.

A Luca non pare di esserci mai stato.

Più o meno al centro del prato si erge maestoso un grosso albero dal tronco massiccio e nodoso e, a parecchi metri d'altezza, lontano dalle radici contorte che bucano il terreno umido e scuro, i rami si biforcano, proseguendo in altri sempre più piccoli, fino a terminare in quelle che assomigliano fin troppo a mani deformi con artigli dalle dita scheletriche.

Per un attimo un'ombra minacciosa corre sul prato e la luna viene celata da nuvole gonfie, cariche di pioggia.

Un vento gelido sferza i rami dell'albero che schioccano come nacchere, mentre un falò si mostra all'improvviso, come sbucato dal nulla; il silenzio ovattato della notte viene squarciato dal crepitio delle fiamme e dai ciocchi di legno che scoppiettano come popcorn.

La vecchia signora ride in modo sguaiato, quasi volgare, mentre continua a tenere la mano del bimbo ben salda nella sua.

Luca comincia a sentire una strana sensazione nello stomaco, un misto tra allarme e disagio; ora avverte con fastidio il contatto con quelle dita artritiche che lo avvinghiano, stringendo come una morsa che gli provoca anche un leggero dolore.

Si rende conto che non sono più soli: altre figure stanno intorno al fuoco, le vede in piedi che si tengono per mano, immobili. C'è uno spazio vuoto dove si inseriscono lui e la vecchia Agata a completare il cerchio.

Una nenia infantile sgorga piano dalle gole delle donne, gorgoglii che spezzano la purezza della notte. Il volume della cantilena aumenta a sfidare l'ululato del vento che intanto, impetuoso, spazza la terra e crea piccoli vortici rabbiosi.

Luca ora riesce a scorgere porzioni dei volti delle altre figure che sembrano assomigliare ad Agata; i visi sono rischiarati dalle fiamme e il ragazzino vede che le donne sono tutte sudate e sghignazzanti. I volti si esibiscono in lineamenti assurdi e contorti. Una di loro è senza cappello e mostra una criniera bianca e scombinata che scende in una grossa treccia giù, fino a metà schiena, un'altra invece ha le guance paffute e pelose mentre una terza, tutta pelle e ossa, canta a squarciagola, accanto ad un'altra grande e grossa, che avrebbe potuto contenerla. Sono tutte felici e contente ma Luca non gioisce con loro anche se, in un modo strano, si sente onorato di avere un posto in quello strano girotondo.

Ad un tratto, senza alcun segnale, tutte le vecchie iniziano a muoversi in tondo, camminando di lato, sempre tenendosi per mano, il fuoco in mezzo a loro. Luca vede le scintille salire in alto per poi consumarsi e scomparire; sul tronco del vecchio albero le ombre disegnano arabeschi sinuosi e danzanti e lo colorano di arancione.

A Luca non piace l'arancione anzi lo detesta da sempre.

Le donne ruotano sempre più velocemente, come parti di una trottola impazzita, senza alcun controllo, intonando in continuazione quella nenia salmodiale che ora gli mette i brividi; la cantilena simile a un lamento, iniziata con un sussurro appena accennato, ora si esprime con sempre più trasporto, ad un volume altissimo.

Luca avverte dei capogiri, ma non come quando si trova sulla giostra e cerca di acchiappare il codino, è qualcosa di meno piacevole, che lo stordisce, ma non di gioia. Si sente come se stesse volando e, in effetti, volgendo per un solo istante lo sguardo verso il basso, nota che le punte dei suoi piedi sono rivolte all'ingiù e che non sta toccando terra. Mentre, ad ogni giro, vede la sua ciabatta destra che giace abbandonata accanto al falò, il ciclone di cui fa parte si fa sempre più vorticoso, un girotondo spericolato di cui inizia ad avere seriamente paura.

Lo terrorizza.

Mentre ruotano salgono sempre più su, sfiorando le fronde spoglie dell'albero e poi ancora più in alto: ora la catasta di legna che arde gli appare come un puntino lontano e tremolante. Il paesaggio si confonde, le stelle si mischiano in quella girandola impazzita. Ogni suono è scomparso, anche il canto delle donne: rimangono soltanto il vuoto e il freddo.

Al culmine della salita, proprio mentre Luca si sente come un aereo o un uccello, avverte una sensazione simile al risucchio, gli si tappano le orecchie ma sa che non può lasciare le mani che lo tengono altrimenti precipiterebbe. Il piccolo inizia a sentire molto freddo e vorrebbe fermare quel brutto gioco ma non riesce a parlare.

Sente la punta del naso e delle orecchie ghiacciate: le lacrime, per il gelo e il terrore dell'altezza, gli impediscono di sollevare le palpebre su cui si è formato un sottile strato di brina.

Con gli occhi appena socchiusi, quel tanto che gli riesce, rivolge un pensiero al suo lettino, nella sua cameretta i peluche sono sistemati ordinatamente sulla grossa sedia a dondolo che era stata del nonno. Sta pensando a mamma e a papà, ai loro abbracci.

Ora la sensazione di essere risucchiato è aumentata e gli manca il respiro così, in un ultimo gesto di ribellione, scuote violentemente il capo a destra e a sinistra per opporsi a quelle vecchie signore in un disperato tentativo di annullare quell'incubo con la sola forza della volontà ma, all'apice dello sconforto e della paura, sente un sonoro botto, come quando il papà stappa una bottiglia di vino e tutto all'intorno scompare: il fuoco, l'albero e le stelle; perfino le signore cattive non ci sono più.

Restano solo il freddo e un buio senza fine.

CAPITOLO 3

M ENTITE SPOGLIE

Buio. Il viale, silenzioso e isolato, sembra avvolto da un'aura spirituale. Ai lati della strada, file di villini ottocenteschi se ne stanno immobili come enormi sentinelle, custodi di chissà quali segreti. Dentro uno di essi, al centro di una grande stanza vuota, giace una ragazza. Nuda, il corpo trafitto da molteplici punte, le conferisce l'aspetto di San Sebastiano. Intorno a lei, cinque figure incappucciate, la osservano aggrapparsi ai pochi istanti di vita rimasti. Ha fame d'aria, la ragazza trafitta. Cerca disperatamente di riempire i polmoni martoriati inspirando in maniera convulsa. La bocca aperta, gli occhi sbarrati.

Poi il respiro rallenta, riducendosi a un sibilo appena percettibile.

Lo sguardo diventa vitreo.

La morte, oscuro angelo misericordioso, non si fa attendere oltre.

«Prego, si accomodi dottoressa» fa cenno un'impacciata segretaria, in evidente soggezione.

La donna non la degna di uno sguardo. Prende posto su una grossa poltrona di pelle scura, accavalla le gambe e indossa rapidamente un paio di occhiali da vista dalla montatura nera e sottile.

Davanti a lei, quattro persone in attesa.

«Ordine del giorno?» si limita a chiedere con poco interesse.

«La successione Trevi» risponde prontamente un uomo seduto più distante.

«Cominciamo» annuisce, iniziando a visionare le carte.

Un paio d'ore dopo, a riunione finita, ognuno torna nel proprio ufficio. La donna resta seduta, sovrana di una corte sguarnita.

«Signora, è permesso?» azzarda la giovane segretaria.

«Chiudi la porta»

La ragazza si avvicina e, a ogni passo, il suo sguardo cambia.

Giunta davanti alla sua interlocutrice è ormai sicura di sé.

«Madame, ieri notte è andata oltre le aspettative, per quanto riguarda la prossima riunione, se per lei va bene, avrei già qualcuno in mente»

«Di chi si tratta?»

«Il figlio dei Corati. La coppia che da mesi si scanna per l'eredità dello zio lombardo»

«Anni?»

«Trentacinque»

«Salute?»

«Nessun problema riscontrato»

«Moglie, figli?»

«Vive solo. Nessun erede»

«Pensaci tu» annuisce la donna, agitando la mano. Il messaggio è chiaro: la conversazione è finita.

La giornata trascorre senza alcuno slancio. Una sola riunione, l'accurata preparazione dei prossimi casi e un briefing con la sua segretaria sul prossimo papabile ospite. Guardando attentamente, sul pavimento in marmo, un'impercettibile macchiolina di sangue è rimasta. L'aspetto di quell'enorme appartamento è molto diverso dalla notte precedente. Adesso è silenzioso e tranquillo, un'abitazione come tante. Nessuna ragazza giace trafitta sul pavimento.

Angela De Bart, stimata notaio, se ne sta comodamente sdraiata sul suo divano angolare, i capelli rossi cadono ordinati sulle spalle, sigaretta tra le dita, sguardo vacuo. Inspira profondamente, ebbra di tutte le sensazioni appaganti della nottata precedente. Si sente forte, indistruttibile, inattaccabile, colma di un'energia che conosce bene, ormai.

Un'energia che va assolutamente rinnovata. Di continuo. Una danza macabra senza fine.

«Dottoressa, è permesso?»

«Vieni, Lucia, chiudi la porta»

«Ha dormito bene?»

«Come sempre, nei giorni successivi. Abbiamo novità?»

La ragazza si affretta a illustrare nel dettaglio tutti i movimenti di Marco Corati, le sue abitudini e ogni cosa utile al suo coinvolgimento prossimo venturo.

Pochi istanti dopo, il dado è tratto. Con il prossimo plenilunio, sarà lui il gradito ospite di Villa De Bart.

«Veniamo a questioni più urgenti» taglia corto la donna «che novità abbiamo sulla successione Trevi?»

La ragazza tradisce un lieve imbarazzo: «Beh, in realtà. ..»

«Dunque! Cos'è questa insopportabile incertezza?» la incalza senza mezzi termini.

«In sala d'attesa c'è un parente. Chiede di conferire con lei» asserisce la giovane, alzando il mento per dimostrarsi più sicura.

Le dita della De Bart iniziano a muoversi nervosamente, le unghie laccate di nero le fanno sembrare ragni impazziti. Poi, si bloccano. Restano immobili, l'idea è che vogliano ghermire una preda.

«Fai accomodare» ordina affilando lo sguardo.

«Subito, signora» la ragazza accompagna l'assenso con un cenno del capo.

«Dottoressa» torna subito dopo «il signor Trevi, Leonardo»

«Grazie, Lucia. Puoi andare»

Rimasta sola con l'uomo, lo fa gentilmente accomodare, poi, senza girarci intorno, inizia a condurre la conversazione: «So perché è qui, signor Trevi. La faccenda relativa all'eredità di sua zia è oltremodo spinosa. Le confesso che...»

«No, guardi, la fermo subito!» l'interrompe lui con poco garbo «La questione è molto più semplice di quel che crede. Ho accudito quel rudere di mia zia per anni, le ho fatto da infermiere, da autista, da padre, anche. E lei come mi ripaga? Depositando un maledetto testamento olografo in cui lascia tutto al fratello? Il fratello! Non la vedeva da dieci anni!»

«Si calmi»

«Non mi dica di calmarmi!» grida fuori di sé «Pensi ad annullare quel pezzo di carta!»

«Signor Trevi, io non ho il potere di annullare nulla. E se posso darle un consiglio, le suggerisco di porsi in una maniera più civile»

«Brutta megera, non hai idea di quel che posso farti» avanza minaccioso.

Angela non si scompone, lo guarda senza tradire alcun timore.

«Non ne dubito. La invito a lasciare questo studio»

«Altrimenti?»

Il notaio De Bart lo trafigge con lo sguardo, provocando in lui una sorta di inaspettato disagio.

«Arrivederci, signor Trevi»

L'uomo bofonchia qualcosa di indefinito, barcolla un attimo, poi guadagna l'uscita.

Lo sguardo d'intesa tra la De Bart e la giovane segretaria è impercettibile.

Un attimo prima di chiudere la porta dello studio, la ragazza con un gesto rapido, gli tocca la testa.

«Cazzo!» protesta lui.

«Mi perdoni, signore. Un insetto. Volevo scacciarlo» L'uomo si allontana, massaggiandosi la chioma.

Lucia chiude delicatamente la porta dello studio, apre il palmo della mano e un sorriso sinistro si allarga su suo volto.

Tra le dita, un paio di capelli.

Angela De Bart si aggira inquieta nel suo appartamento. Si muove senza accendere la luce.

Sul tavolo, al centro della grande stanza, un piattino d'argento, ai lati del quale si ergono accese due candele nere. La donna estrae qualcosa da un piccolo borsello di velluto.

Un paio di capelli.

Li deposita delicatamente nel piatto, inizia a sussurrare qualcosa di incomprensibile, rovescia gli occhi, le mani adunche sembrano voler infondere un'oscura energia su quel tavolo imbandito in maniera tanto bizzarra. Adesso intona una litania, e con un lungo spillo, inizia a pungere i capelli recisi. Li punzecchia come fossero insetti da torturare, con piccoli colpetti intervallati da lunghe pause. Il rituale prosegue per una manciata di minuti, fin quando la donna non incide il dorso della sua mano sinistra con un coltello sottile. Tre gocce di sangue ricoprono i capelli martoriati dall'ago.

La donna è scossa da incontrollabili sussulti. Si placa, in preda all'affanno.

La cerimonia è conclusa.

Dall'altra parte della città, Leonardo Trevi, in preda ad atroci improvvisi crampi allo stomaco è intento a vomitare le budella.

Cristo, stavo bene un attimo fa... pensa sudando, in preda ai conati.

«Tesoro tutto okay?» domanda la moglie, bussando delicatamente alla porta «Credi sia stata la parmigiana?»

«Ti prego, Anna... non...» incapace di terminare la frase, si aggrappa al water con tutte le forze rimaste, ginocchia a terra, convinto che la morte sia prossima.

I giorni si susseguono rapidi e la salute dell'uomo sembra peggiorare inspiegabilmente. I problemi di stomaco hanno ceduto il passo a incontrollabili cefalee che, tempo un paio di giorni, sono state sostituite da dolori toracici violenti e improvvisi.

I capelli recisi sono sempre nel piatto.

Ogni sera le candele nere vengono accese. Il lungo spillone li punzecchia puntualmente.

A fine settimana, al centro del piatto giace un piccolo pupazzo di cera. L'aspetto rudimentale, gli arti appena accennati. Intorno al collo, come un cappio, sono legati i due capelli torturati.

La donna inizia a seviziarlo con il lungo spillo. Lo spinge dentro quella che sembra essere una gamba.

Leonardo Trevi si blocca in mezzo alla strada, durante un attraversamento pedonale. Si piega, in balia del dolore. La gamba cede. Lui tenta di ritrovare una sorta di equilibrio, ma lo spillone affonda ancora un po'. Di nuovo si ferma, cade in ginocchio, grida. Il dolore è insopportabile. Un paio di automobili lo schivano per miracolo, un motorino per poco non lo centra in pieno, oscilla, aggirando l'ostacolo per pura fortuna. Tenta di alzarsi per l'ennesima volta. Barcolla, il dolore è sparito.

Inspira cautamente, incredulo di esserne fuori, riprende a camminare.

La donna affonda completamente lo spillone, che trapassa completamente l'arto.

L'uomo urla, cade, si contorce. Ha la sensazione che la gamba gli sia stata amputata di netto.

Prova ad appoggiarsi sui gomiti, striscia come un animale ferito per una manciata di metri, sotto lo sguardo inorridito dei passanti.

Qualcuno tenta di attraversare, ma le auto corrono veloci. Un uomo inizia a sbracciarsi, fa cenno agli automobilisti di fermarsi.

Alcuni inchiodano. Altri lo schivano.

Leonardo Trevi avanza ancora un po', pancia a terra. Stremato dal dolore.

Percepisce uno spostamento d'aria alla sua sinistra, si volta.

Un'automobile lo travolge, facendolo saltare in aria come una bambola di pezza.

Ricade a terra, sbattendo violentemente la testa. Rotola diverse volte, mentre gli arti si spezzano e il sangue si riversa a chiazze sull'asfalto.

La gente urla, l'automobilista ferma il veicolo, scende con le mani nei capelli.

«Non l'ho visto, non l'ho visto!» grida fuori di sé.

Leonardo Trevi giace in mezzo all'incrocio, in posizione del tutto innaturale. Gli occhi sbarrati, privi di vita, fissano un punto indefinito.

Il camino di casa De Bart è acceso. Scoppietta vivace davanti agli occhi compiaciuti della padrona di casa.

Il pupazzo di cera brucia lentamente. Il suo compito è terminato.

«Buongiorno, signori. Iniziamo per cortesia» il notaio dalla lunga chioma rossa non si perde in futili convenevoli.

«Dunque» esordisce una donna distinta sulla quarantina «Siamo qui oggi per discutere la successione Trevi. Sono presenti i signori Aldo e Simona, rispettivamente fratello e cognata della defunta Maria Clara, il signor Luigi, cugino di primo grado, padre del compianto signor Leonardo, scomparso pochi giorni fa in seguito a un malore che lo ha colto in mezzo alla strada e la signora Lucrezia, cugina di secondo grado della cara estinta.»

«Bene, grazie Vanessa. Buongiorno signori, sono il notaio Angela De Bart, incaricata dalla defunta signora Maria Clara Trevi di mettervi a conoscenza di quelle che sono state le sue ultime volontà»

«Mi scusi, notaia...» l'interrompe bruscamente la donna seduta a destra.

«Notaio, prego» corregge Angela stizzita.

«Notaio. Signora, mi chiedo, cosa facciamo qui? Sappiamo bene che la zia ha lasciato tutto ad Aldo, quindi?»

«In realtà, signora, non è del tutto corretto. Procedo con la lettura del testamento olografo»

Cinque minuti dopo è chiaro a tutti che l'unica cosa lasciata in eredità a Luigi e Lucrezia è un vecchio capanno in disuso al centro di un piccolo appezzamento di terra. Valore commerciale, quarantamila euro. Da dividere. Ben poca roba, a confronto del patrimonio della vecchia, stimato un due milioni e mezzo di euro, ereditato in blocco dal fratello e sua moglie. Senza figli.

Nel giro di una manciata di secondi nello studio De Bart si scatena il putiferio.

Tra insulti e minacce, i due ereditieri minoritari, promettono battaglia legale, sbattendo la porta.

Aldo Trevi e sua moglie, per nulla preoccupati, escono trionfanti dallo studio, forti di un discreto conto in banca piovuto dal cielo.

«Queste scene mi danno la nausea» commenta il notaio, slegando la lunga chioma rossa «Tutto pronto per stasera?»

«Sì, madame. L'ospite è stato prelevato. Al suo rientro sarà tutto disposto alla perfezione»

Angela annuisce, sprofonda nella poltrona, lo sguardo si perde nel vuoto.

L'appartamento De Bart è colmo di gente. Ogni invitato è avvolto da una palandrana nera, il volto nascosto da un largo cappuccio. Sul pavimento, al centro del salone, c'è un uomo.

Nudo.

Stordito.

Impaurito.

Si guarda intorno roteando gli occhi ovunque, in cerca di uno sguardo, di un briciolo di pietà.

Invoca clemenza, piagnucolando come un bambino.

La luna, perfettamente sferica, splende alta nel cielo nero: è la notte giusta.

Gli ospiti si dispongono in cerchio attorno all'uomo.

Una figura ammantata di rosso si avvicina, accende le candele nere. Si china, il capo celato dal cappuccio.

Dario Corati si ritrae, le mani legate gli impediscono di muoversi in scioltezza.

«Ti prego... ho famiglia!»

«Bugiardo» sibila lei, accarezzandogli la testa.

«Chi sei? Come fai a conoscermi? Che vuoi da me!» grida disperato.

La donna lascia scivolare il cappuccio, scoprendo il volto pallido.

Sorride, quasi a volerlo rassicurare, estrae un coltello lungo e affilato e inizia a mormorare qualcosa di poco chiaro.

Lui scuote la testa, cerca di strisciare via.

Fulminea, affonda la lama nel suo ventre. L'uomo, incredulo, ulula di dolore.

Il coltello taglia le sue carni senza alcuna difficoltà. L'addome aperto, inizia a riversare le viscere sul pavimento. Si contorce in preda a orrendi spasmi. La lama affilata, con un taglio quasi chirurgico, gli recide la gola da parte a parte. Lui resta immobile, bocca spalancata, sguardo fisso sul nulla.

La donna lascia cadere il mantello, sotto è nuda. Cosparge il suo corpo del sangue dell'uomo, lo fa scivolare ovunque, accarezzandosi lentamente, con fare voluttuoso.

Gli altri sembrano pregare, ma la loro supplica non è rivolta a un Dio misericordioso.

In pochi minuti, la stanza diventa l'alcova di un'orgia sfrenata.

«Dottoressa, Sua Eminenza l'attende, prego»

«Eminenza» la donna si accomoda senza baciare la mano del cardinale.

«A che punto siamo con la successione Trevi, mia cara? Come lei sa, è fondamentale che quel denaro sia destinato alla Fondazione. Gli eredi non possono usufruirne»

«Tutto chiarissimo, non deve preoccuparsi»

«Questo mi rincuora, cara. Maria Clara era una serva fedele, sono certo che il suo lascito al fratello sia stata una svista»

«Senza dubbio, Eminenza»

«Mi raccomando, Angela, la Fondazione fa capo a lei, sia chiaro però, che una volta entrati in possesso della somma, questa va distribuita per i fini che sa»

«Nemmeno a dirlo. Non penserà mica voglia scappare col denaro?»

«Non mi permetterei mai, cara. Mi faccia sapere quando tutto è pronto»

«Dorma sonni tranquilli, Eminenza. Avrà presto mie notizie»

Allontanandosi a passo svelto dalle stanze del cardinale, la donna, nonostante tutto, non può non provare un moto di disgusto nei suoi confronti.

Se decidi di votare la tua esistenza a Dio, come puoi voltargli le spalle in questo modo? Come puoi dedicarti all'ascesa dell'Anticristo, continuando a mangiare a casa dell'Altissimo? Pensa piegando gli angoli della bocca, in segno di ribrezzo.

Lei non si nasconde dietro a falsi dogmi. Nel medioevo l'avrebbero etichettata come strega. Oggi è una donna in carriera che, nel privato, ama praticare la magia oscura. La sua adorazione è certamente più sincera di quella del prete.

Nemmeno Dio si merita tanta ipocrisia. E, non potendo rimettere l'uovo nella gallina, l'unica soluzione è distruggerlo.

«Amanda, hai chiuso la porta a chiave?»

«Certamente, Eminenza. Come ogni sera. Se non ha bisogno d'altro, mi ritiro nei miei alloggi»

«Buonanotte, mia cara»

«Notte, Eminenza. Dorma bene»

La stanza del prelato è enorme, barocca e piena di quadri d'epoca.

Qualcuno potrebbe definirla inquietante.

Il vecchio uomo di chiesa è grasso e stanco. Ogni sera, ha come la sensazione che il corpo stia lentamente cedendo.

Si spoglia, infila la veste da notte e si siede a bordo del letto, sospirando sfinito. I suoi ottantadue anni si fanno sentire ogni giorno di più.

Una mano di donna tiene nel palmo un piccolo pupazzo di cera.

Il cardinale si sdraia sul letto. Sguardo al soffitto, i suoi pensieri non sono rivolti a Dio.

Al centro del torace dell'omino è incastrato qualcosa. Una piccola moneta d'epoca.

L'uomo sussurra alcune parole, come ogni sera, egli raccomanda la sua anima ai piani inferiori.

La mano trafigge la piccola scultura di cera con un lungo spillone nero.

Il prete inarca la schiena su letto, spalancando la bocca in segno di dolore. Si porta una mano sul petto, tentando di placare la fitta.

Lo spillone colpisce nuovamente, trafiggendo la testa della statuina.

L'uomo si prende la testa tra le mani, preda di un dolore mai provato.

Di nuovo lo spillo, affonda nel piccolo pupazzo. Trapassando di netto la gola.

La carotide del prelato si chiude. Il sangue smette di affluire. L'uomo tenta di respirare in qualche modo, annaspa, strabuzza gli occhi, tenta di arrivare alla porta. Infine, stramazza al suolo. La sua esistenza è terminata. L'uovo è stato annientato.

Sulla scrivania del suo ufficio, c'è una scatolina d'ottone contenente diverse monete d'epoca. Nessuno saprà mai che ne manca una.

Da quando il testamento è diventato ufficiale, Aldo Trevi e sua moglie hanno iniziato a fantasticare sulla vita agiata che per pura casualità si è palesata sul loro cammino. Per prima cosa avrebbero estinto il mutuo, poi avrebbero venduto la casa, per acquistarne una decisamente più grande in un quartiere migliore. E finalmente, avrebbero viaggiato un po'. La tanto desiderata crociera era finalmente possibile!

Tutto andava per il verso giusto, fin quando il campanello del loro piccolo appartamento non ha suonato insistentemente.

«Signora, mi perdoni, siamo stati incaricati dall'amministratore di recapitarle alcuni documenti»

«Quali documenti?» domanda dallo spiraglio.

Dall'altra parte, una donna distinta e sorridente le porge alcune carte: «Ecco, le visioni con calma. Una volta compilato tutto, può lasciare i documenti al portiere. Un nostro incaricato passerà a ritirarli»

«Va... bene» li prende, poco convinta.

«Buona giornata, signora» le porge la mano, sfoderando un rassicurante sorriso.

«Buona giornata a lei» ricambia la stretta, ma qualcosa la costringe a ritrarre rapidamente la mano.

«Ahia!» guarda il palmo con una smorfia di dolore.

«Oh Dio! Mi perdoni, signora, questo dannato anello! Dimentico sempre che essendo appuntito, rischia di far male. Un ricordo della

mia povera mamma scomparsa... sono desolata!»

«Non importa...»

«Ma come no! Guardi, perde sangue... mi dispiace così tanto...»

«Ma no, è solo un graffio. Stia tranquilla. Le auguro una buona giornata, provvederò a compilare tutto»

«Gentilissima, davvero. Verrà qualcuno tra un paio di giorni a ritirare tutto. Arrivederci e mi scusi ancora!»

Al tramonto il marito rincasa stravolto da una giornata lavorativa estenuante.

Nessuno dei due racconta all'altro di essersi accidentalmente ferito a causa di qualcuno. A volte, la vita ti pone davanti eventi degni di poca nota. Peccato, sarebbe opportuno dare maggior credito anche a dettagli apparentemente ininfluenti.

Nel suo appartamento buio e silenzioso, Angela De Bart, si appresta a terminare il suo lavoro.

Lo sguardo è spiritato, privo di alcun barlume di raziocinio. Le mani si muovono lentamente, sistemano i due piccoli omini di cera sul tavolo. Su ognuno di essi viene colato del sangue. Il loro sangue. Lo spillone scintilla nell'oscurità.

Simona Trevi sta lavando i piatti, quando un dolore lancinante la sorprende facendole perdere l'equilibrio. La testa le scoppia, la sensazione è che un ratto le stia rosicchiando il cervello, staccandone piccoli pezzettini con i denti acuminati.

Lo spillone colpisce. E ancora e ancora...

La donna resta immobile. Rigida come una statua di marmo, annientata dallo strazio.

Al marito tocca la stessa sorte, seppur battagliero, alla fine cede, sotto il peso del martirio.

Si dice che le streghe siano le serve del Demonio e che egli, grazie a loro, riesca a camminare tra gli uomini, per soggiogarne l'esistenza.

In maniera subdola, sotto mentite spoglie. Il cammino dell'Angelo Oscuro è iniziato. L'avvento delle tenebre è prossimo.

CAPITOLO 4

M IELE

Tutto gli ricordava lei, non poteva fuggire da nessuna parte. Aveva cercato di tenersi occupato, di riempire le giornate di gente, risate, bevute, niente da fare. Ovunque andasse, con chiunque fosse, ritornava lei. Era sufficiente una battuta, un gesto estemporaneo, una situazione; da un angolino della testa riesplodeva la nostalgia a sconquassare il corpo e lo spirito con la forza di un uragano. Era questione di tempo, ancora un po' e se la sarebbe dimenticata, diceva. Bastava trovarne un'altra, sperava. Un'altra ragazza gli avrebbe curato tutte le ferite. Ma dove trovare una come lei? Come sfuggire al confronto?

Anche adesso, con la fatica nelle gambe e il sole negli occhi, stava pensando al suo sorriso, al suo corpo slanciato da cerbiatta. Stava arrampicandosi con la bici da corsa su per la salita di Mombello. Aveva voglia di sfiancarsi quel pomeriggio. Si teneva concentrato sull'asfalto buttando fugaci occhiate al paesaggio intorno. Gli alberi da frutto allineati e i filari arrampicati sui pendii davano una vaga idea di ordine costituito. Ma erano solo qua e là, ricavati guadagnando terra ai boschi intricati. Ogni segno di umana presenza sembrava dover scomparire da un momento all'altro, sopraffatto da una natura sempre pronta a prendere il sopravvento. Come i ricordi che continuavano a soffocare il presente. Quel visetto soave e perfido, quei discorsi pieni di desiderio e risentimento. Ci ricascava nel ripeterseli in testa. Questo avrebbe dovuto dire, non quello. Era andata male. Però poteva andare diversamente. Avrebbe potuto telefonarle dopo quel terribile litigio ma l'orgoglio era prevalso. Avrebbe potuto riapprocciarla, compiere qualche buffonata da innamorato come facevano quelli della sua età, prenderla sul ridere e farsi perdonare. Non era roba per lui, se ne era rimasto rigido a fare l'offeso. E adesso era troppo tardi.

Una curva a gomito. Erano tutte curve a gomito. La prese stretta come le altre tirandosi in piedi sui pedali. Un bel colpo dritto sui polpacci. Domani se la sarebbe sentita tutta quella salita, in ogni muscolo del corpo. Non gli importava, non doveva più andare a ballare. Non avrebbe più corso il rischio di ritrovarsi davanti a lei con quell'altro. Troppo da star male. Meglio le colline. Meglio i moscerini in bocca, le pietre che fanno saltare la ruota e il sellino rigido come un ferro da stiro.

La salita non accennava a dare tregua mentre il cuore batteva come un matto. Ancora fino a quell'albero, poi pausa. Diede le lunghe pedalate finali, staccò lo scarpino dalla calamita e buttò il piede a terra. Non aveva ancora tirato il fiato quando alle sue spalle sentì un latrato in avvicinamento, sempre più forte. Un secondo dopo sbucò dall'erba alta un cagnaccio grosso, di razza indefinita, dal pelo scuro e ispido tutto sollevato sulla schiena. Con un salto era già sull'asfalto che gli ringhiava minaccioso. Istintivamente il ragazzo afferrò la bicicletta con due mani, la sollevò e la usò come barriera tra lui e la bestia. Non aveva paura dei cani, li adorava. Ma questo era diverso dagli altri, ce l'aveva con lui, voleva morderlo a tutti i costi, puntava alle caviglie. Cercò di cacciarlo via ma quello faceva un salto indietro per tornare subito all'attacco. Si decise per la fuga. Sarebbe stata troppo complicata una partenza in salita, conosceva il mezzo e le sue capacità: il rischio di non agganciare il pedale al primo tentativo né al secondo era molto alto vista la situazione. La discesa era bloccata dalla belva, i cui denti digrignavano al punto da far tremare l'aria tutto intorno. Notò la presenza di uno sterrato laterale, mezzo coperto dall'erba, sembrava dover tagliare la collina a mezza costa. Gli parve la via d'uscita migliore. Di scatto inforcò la bici affannandosi a pedalare con tutte le forze rimaste. Il cane si lanciò di scatto all'inseguimento. Lui gli diede una violenta tallonata sul muso, attingendo a tutte le sue capacità di equilibrismo per non sbattere a terra. Ne valse la pena: dopo un acuto guaito l'animale rinunciò dall'attacco. Lo seguì ancora a distanza per un tratto poi se ne tornò da dove era venuto.

Qualche chilometro dopo l'adrenalina andò esaurendosi, il ragazzo si fermò tutto indolenzito. Si trovava in una valletta laterale, Mombello non si vedeva. Si scorgevano solo piccoli cascinali sulla collina di fronte persi in mezzo alla vegetazione, probabilmente tutti disabitati.

Non sapeva decidersi se proseguire o tornare indietro sperando di non imbattersi ancora nel cane. Si fermò accanto ad uno di quei prati in cui la collina scende a gradoni, in una serie di terrazzamenti. Non aveva mai capito se erano il risultato di fenomeni geologici o quanto restava dell'antico lavoro di ignote generazioni in lotta per strappare alla natura scampoli di terra coltivabile.

Appoggiò la bici ad un grosso pietrone vagamente cilindrico, forse un'antica pietra miliare sottoposta a secoli di erosione. Si distese sfinito in mezzo all'erba alta, si ritrovò circondato da verdi spighe fruscianti. Subito il naso si riempì di un odore selvatico intenso. Doveva provenire dai fiorellini bianchi intorno a lui, ne spuntavano un paio poco distante dal suo naso. Erano piccole stelle a cinque punte i cui petali piegati a coppa vibravano nell'aria. Ne raccolse uno e se lo portò al naso. Se ne pentì subito, l'aroma dolciastro era così forte da ricordargli certi stabilimenti di lavorazione delle carcasse animali. Si pulì con l'avambraccio e si mise ad osservare le nuvole in cielo. In breve si addormentò.

Si risvegliò con un brivido su per la schiena. Il sole era già tramontato mentre folate fredde gli lambivano le ginocchia nude. La luce del crepuscolo illuminava debolmente l'arco delle colline. La bici era ancora appoggiata poco più in là, nessuno l'aveva toccata. L'aroma penetrante sembrava cambiato, adesso era invitante. Una sinfonia di sapori si era diffusa nell'aria, riattivando le sue papille gustative: nocciole tostate, pane appena sfornato, caramello. Al fondo del prato, al principio del bosco, c'era una piccola casetta in pietra. Non l'aveva notata prima. Un filo di fumo usciva dal comignolo. Il profumo veniva da lì.

Si avvicinò cauto alla costruzione. Una rudimentale porta fatta di quattro assi chiudeva l'entrata, dalle fenditure uscivano i bagliori di una fioca luce tremolante. Una voce debole e stridula proveniente da dentro gli fece fare un salto indietro per lo spavento:

«C'è qualcuno lì fuori?»

Un attimo dopo la porta si aprì scricchiolando. Apparvero due occhietti nerissimi e una manina secca che reggeva una vecchia lampada ad olio. La luce obliqua esasperava i tratti del volto inciso nel profondo dalle rughe, come una corteccia d'albero. Un fazzoletto color grigio topo incorniciava una testolina incassata in una piccola figura informe, pesantemente coperta da indumenti scuri.

«Scusi il disturbo signora, sono un ciclista, vado via subito.»

«Un forestiero! Vuole venire dentro?»

L'anziana donnina aveva un forte difetto di pronuncia per cui quasi tutte le consonanti si annullavano. La boccuccia rotonda si apriva e chiudeva appena come quella di un pesce nell'atto di respirare.

«No grazie, devo rientrare...»

«Le faccio assaggiare il miele, lo sto colando adesso!»

Il miele: da dietro la porta arrivavano forti zaffate inebrianti che gli si appiccicarono sulla pelle del viso.

«Beh, se non disturbo...»

Varcò l'entrata e si ritrovò in un'altra epoca. Una cucina di cento o di mille anni fa doveva essere all'incirca così. Qualcosa bolliva in un grosso pentolone posato su una massiccia stufa in ghisa, il cui basamento era attorniato da mattonelle in cotto nere di fumo. Anche i muri a secco intorno erano affumicati, tanto che pareva ci fosse stato un incendio lì dentro. C'erano oggetti ovunque, il pavimento e lo scarno mobilio erano occupati da ogni sorta di carabattole. Su un tavolaccio consunto erano ammassati paioli, scodelle sudicie, barattoli contenenti liquidi ignoti e strane forme galleggianti.

«Venga avanti! Mi scuserà, nessuno mi viene mai a trovare! Eh eh...»

La donnina, claudicando a piccoli passi si avvicinò alla pentola e prese a rimestare il contenuto con un grosso cucchiaio di legno. Si passava la lingua sulle labbra facendo strani rumori con la saliva. Doveva sforzarsi a tirare su il collo inesistente per arrivare alla pentola. Vista da quella posizione la gobba sormontava il capo fino a coprirlo.

«Ma che bel giovanotto! Tutto vigoroso! È sposato?»

«No, ci mancherebbe...» Lui fece un sorriso imbarazzato.

«Allora chissà quante signorine le vengono dietro!»

La donna avviluppò una certa quantità di miele attorno alla stoviglia, creando un lucido grumo dorato; poi glielo porse, mentre un filo di liquido si dipanava a terra.

«Assaggi, assaggi! L'ho fatto io! Eh eh!»

Lui si accostò appena provando un certo disgusto nell'usare un cucchiaio unto e decrepito come la sua ospite, ma ormai il dado era tratto. Subito una sensazione forte, di selvatico, gli sconquassò i sensi. La gola gli bruciava come fosse fuoco. Si leccò le labbra.

«È buonissimo, signora!»

«Ne prenda ancora, non faccia i complimenti!»

La donna riprese a ridacchiare di gusto. Lui ne inghiottì un altro po'.

«Delizioso, alleva lei le api?»

La risposta fu l'ennesima sghignazzata sommessa, appena più forte delle altre. A dire il vero non aveva visto nessuna sorta di arnie lì attorno né sentito particolari ronzii di insetti. Lei continuava a ridacchiare. Infilò il cucchiaio nella pentola e riprese a rimestare.

«Accomodati, vieni qua alla luce che ti vedo meglio. Sono vecchia ormai...»

Lui con una certa spossatezza si lasciò andare su una seggiolina impagliata, portandosi all'altezza della vecchia. Lo fissò con i suoi occhietti neri come la pece, per un attimo gli sembrarono identici agli occhi rabbiosi del cane incontrato ore prima. L'odore di miele le aveva impregnato gli abiti. Gli passò sulla guancia le unghie delle dita ossute, come per graffiarlo.

«Tu hai qualcosa che ti è stato qui, vero?» disse battendosi il piccolo pugno sul torace. Lui esitò, sorpreso. Poi rispose:

«La mia ragazza mi ha lasciato da poco...»

«Ma certo, si capisce! Queste ragazze di oggi con le gonne corte e tutto quel rossetto! Come si chiama questa cara signorina con rispetto parlando?»

«Sandy...» gli uscì automatico, quasi avesse rinunciato ad ogni filtro di volontà.

«Sandy! Sandy! Sandy!» Cominciò a reiterare all'infinito ridacchiando.

Per un istante dilatò la bocca mostrando due gengive prive di denti, carnose e rosso scuro. Il ragazzo si ritrasse, non capiva cosa ci fosse da ridere, ma lo stordimento stava prevalendo. Restò in silenzio a deglutire il boccone pastoso in fondo alla gola.

«Dammi la mano!»

Quella vocina stridula stava diventando insopportabile, la testa cominciava a girargli. Ubbidì all'ordine. Sentì ogni grinza di quelle manine rattrappite sulla sua pelle.

«Tu vuoi che lei torni, vero? E io te la faccio tornare! Tu però devi fare una cosa per me...»

La lingua le usciva fuori schioccando e sbavando, descriveva movimenti rapidi e incontrollati, come la coda di un serpente a sonagli. Portò la mano di lui vicino alla bocca sempre più larga.

«Devi stare così, fai il bravo!»

Lui guardava intontito il muro, le pietre cominciarono a oscillare mentre la parete si dilatava come fosse parte di un grande polmone. Gli uscì sottovoce:

«Basta che lei torni...»

La vecchia di scatto si mise in bocca il suo indice, il medio, poi quattro dita insieme. Lo fissava con i suoi occhietti maligni, intanto quel sorriso si allargava sempre di più coprendo la sua mano. Lo teneva saldamente per il braccio incidendo la carne con le unghie e continuava ad ingoiare. Era un atto inconcepibile, contro ogni principio razionale ed anatomico. Eppure stava succedendo, in quel momento, a lui. Si sentiva il braccio lambito da indescrivibili organi flessuosi che lo stringevano in un'azione di risucchio minuzioso.

Si scosse dal torpore, cominciò ad urlare tutto il suo orrore più profondo. La cosa stava arrivando al gomito, estendendo e ritraendo ammassi carnosi proteiformi che via via si dipanavano dalla mostruosa cavità orale. Il ragazzo prese a scuotere disperatamente il braccio, perse l'equilibrio e cadde sul pavimento, si ritrovò addosso quel corpo caldo e pulsante. Sentì a portata di mano uno strumento metallico, forse un attizzatoio. Lo impugnò e prese a battere con tutta la forza di cui era capace su quel corpo senza forma. Ne uscì un suono sordo inquietante accompagnato da stridii grotteschi, qualcosa lì dentro si stava frantumando. Ma l'essere continuava a risalire, era quasi alla spalla. Con un grido disperato piantò l'utensile bene a fondo in mezzo alla gobba, che si aprì in uno squarcio. Ne scaturì un liquido scuro misto a membrane gelatinose. A quel punto il ripugnante orifizio si spalancò in un verso lancinante inumano, mostrandosi come un buco nero brulicante una congerie di lucide forme tentacolari attorcigliate una sull'altra. Fu allora che il ragazzo trovò la forza di scappare via. Si ritrovò nella frescura della sera, attorniato dalle cicale. Sollevò il braccio: era coperto di densa bava disgustosa, ma intero.

Si voltò indietro: alla pallida luce della luna riapparve, trascinandosi sui gomiti, ciò che poco prima aveva parvenze umane. La cassa cranica era espansa in tutte le direzioni, il collo ruotato in un angolo troppo grande, la mandibola penzolava disarticolata in una maschera oblunga da incubo. Ne uscì un gorgoglio di suoni cacofonici di parole appena comprensibili:

LEEI TOORNERAAA AHAHAHAH!

Il ragazzo si mise a correre a perdifiato verso la strada, saltò sulla bici e si lanciò nella discesa. Più volte rischiò di sfracellarsi nelle curve per la foga e la scarsa visibilità. Continuava a scendere, ma l'odore di miele persisteva intenso. Troppo intenso. Si fermò, osservò il braccio da cima a fondo, lo annusò con disgusto. La bici cadde a terra, la ruota girava a vuoto. Gli uscì un gemito strozzato. Il suo braccio era invischiato dello stesso miele inghiottito in quella casa maledetta.

Sandy tornò una settimana dopo. Si era resa conto che aveva fatto uno sbaglio a lasciarlo, non riusciva a stare lontano da lui e così via. Lui la ascoltò in silenzio con un sorriso triste sul volto. Poi si tirò su la manica della camicia: il braccio era ricoperto di chiazze scure, spesse croste squamose sanguinanti. I medici erano concordi: carcinoma. Attraverso il sangue le metastasi si erano rapidamente diffuse all'intestino, al colon e ai polmoni. Gli avevano dato tre mesi di vita. Lei decise di stargli vicino lo stesso. Passava del tempo con lui, lo assisteva, cercava di distrarlo. Le forze lo stavano abbandonando a poco a poco mentre la coscienza si faceva sempre più confusa per via degli antidolorifici.

Una domenica Sandy lo portò su per le colline a fare un giro in macchina, come facevano quando tutto andava bene. Lui volle andare a Mombello, chiese di infilarsi in una stradina sterrata e di fermarsi in un prato in mezzo al nulla, a parte una specie di pietrone cilindrico. Si fece accompagnare presso un rudere diroccato sul limitare del bosco: quattro pietre una sull'altra, niente più. Però nell'aria c'era un odore dolciastro e pungente, entrava nelle narici e andava dritto al cervello. Il ragazzo fece un respiro profondo. Per reazione esplose in violenti conati di vomito, dovette appoggiarsi per non perdere l'equilibrio. Pianse sconsolato mentre lei gli puliva la bocca con un fazzoletto.

Tornarono alla macchina. Lo aiutò a salire, gli chiuse la cintura. Prese posto dal lato del guidatore, si allacciò e mise in moto. Lui piangeva ancora. Prese ad accarezzargli i capelli, la scacciò in un moto di rabbia. Poi riprese a vomitare. Fu allora che Sandy sospirando si chiese tra sé e sé per quale strano motivo le fosse saltato in mente di tornare da quel ragazzo così problematico. Dopotutto la cosa sarebbe durata ancora per poco.

CAPITOLO 5

L'INTRUSA

Anna girò la sigaretta tra le dita, facendo fioccare la cenere tra i fili d'erba del giardino. L'immagine le provocò un singulto di disagio: le sembrò di star sporcando il luogo, macchiandone l'aura di innocenza che lo ammantava. Si passò una mano tra i ricci biondi, prima di lasciarsi andare ai ricordi.

Li poteva vedere di fronte a sé: due bimbi, gracili e con gli occhi grandi, a correre con l'aria trasognata, agitando le mani e urlando bizzarre formule magiche, incomprensibili a tutti se non a loro. Quell'angolo di verde, quando non erano ancora nel mondo dei grandi, diventava un regno fatato per lei e Andrea, il suo migliore amico.

La nostalgia la travolse: era tutto più facile allora, all'epoca bastava solo la fantasia a cancellare gli eventi e a costruire altri mondi, altre versioni di sé. Dopo il gran lutto subito, ad Andrea, che già dall'infanzia indossava lo sguardo cupo di chi la spensieratezza non l'aveva mai assaggiata, quando giocavano veniva facile brillare: si poteva ritagliare degli spazi di gioia e serenità e essere tutto ciò che voleva.

Lei aveva sempre avuto l'impressione che lo guardassero male, gli adulti e gli altri bambini, quel suo amico orfano di una madre tanto chiacchierata, sempre taciturno, che giocava a sognarsi le fate e i folletti solo con lei, una femmina. Forse era quello il suo vero dramma: nessuno lo riusciva ad accettare. Non aveva mai incontrato qualcuno che gli desse sicurezza, l'idea di poter essere accolto. La vita nel loro paese natale, Pago Sannita, gli stava stretta, e certa diffidenza l'aveva relegato a sentirsi, a pieno diritto, un escluso. Anna era un inedito cantuccio di tranquillità, l'unico il cui ingresso sarebbe stato sempre libero.

Ecco perché mi ha chiamata.

Era tempo di tornare al presente. Le domande le ronzavano tra le tempie da un po'. Aveva tutta un'urgenza

di darsi un motivo che la tormentava ai limiti dell'inspiegabile. Non appena le avevano detto che il vecchio amico aveva chiesto di lei, per una confessione,
l'agitazione l'aveva attraversata come corrente elettrica.
Vista la condizione in cui versava da mesi e il mutismo
con cui si era isolato dal mondo, cosa voleva dirle? Quale
segreto avrebbe rivelato? E, soprattutto, perché proprio
allora e perché proprio a lei?

La sigaretta era finita. Sì, i tempi erano proprio cambiati.
Il prato di casa Marsala era ora una steppa giallastra
piena di zolle incolte, le siepi erano state abbandonate
a loro stesse, le erbacce lasciate crescere. Non c'era
più nessun mondo magico lì, rimaneva il cortile di una
villa di provincia circondato da un'inferriata arrugginita
e due pareti dall'intonaco crepato. Il cielo sopra di lei
era plumbeo, traboccava di umidità per richiudersi a
cappa. Prometteva tempesta, nonostante facesse un
caldo afoso.

Anna si aggiustò un attimo la camicetta sopra il ventre
magro e rialzò la gonna sui fianchi spigolosi, prima di
dirigersi verso l'uscio della casa.

Era il momento di scoprire quale mistero nascon-
dessero quelle mura.

Zaccaria, il padre di Andrea, si accasciò sulla sedia al lato del tavolo, alla destra di Anna. Nonostante le tapparelle abbassate, l'aria in cucina era asfissiante, il ventilatore riusciva a stento a smuovere un filo di vento. Eppure, era ben chiaro che non fosse la calura della tarda estate beneventana la causa di tanta spossatezza nel vecchio. Era esausto, si vedeva. Indossava una canotta sgualcita e pezzata, un pantalone di lana grigia sbiadita. Era ingrassato, molto. La pancia era gonfia sotto il costato e lui puzzava di alcol, doveva aver bevuto molto nell'ultimo periodo. Una folta peluria incorniciava il cranio calvo: era bianca, come non lo era mai stata prima. L'uomo si era trascurato, e era invecchiato, di colpo.

«Come sta?»

Lui si era accucciato, abbassando lo sguardo e intrecciando i palmi.

«Come sta? E che ne so, io. Da mesi non esce da camera sua, si rifiuta. Ha detto che se proviamo ad entrare lui s'ammazza. Mi fa solo lasciare pranzo e cena fuori dalla porta. Non si vuol far vedere.»

Anna si era ritirata sullo schienale, in un gesto di protezione, cingendosi il costato. La questione era davvero grave.

«Quindi non si sa perché abbia chiesto di me?»

«No, non lo so, non mi parla nemmeno. Quando mi ha detto di chiamarti è stata la prima volta che mi ha rivolto la parola dopo non so quanto. Non mi ha mai spiegato cos'è successo, si è chiuso lì dentro senza motivo, da un giorno all'altro e...»

Frasi veloci, l'emozione crescente, era difficile trattenere le lacrime. Si iniziavano ad accumulare ai lati delle palpebre del genitore afflitto. Zaccaria si coprì il viso con i palmi, ma nulla riusciva a trattenere i singhiozzi. La nuova ferita aperta andava a toccare una vecchia pustola, un trauma della sua vita coniugale impossibile da sanare.

«Mi sembra tornato tutto a 15 anni fa!»

Anna intercettò una vecchia fotografia tenuta in bella mostra su una mensola, all'interno di una grossa cornice dorata. Dentro vi sorrideva una donna, dai capelli corvini bizzosi e indomati, il naso piccolo, gli occhi neri e i lineamenti affusolati. Trasudava un fascino esotico e straniero, che tradiva, inconfondibile, la discendenza gitana. Era davvero irresistibile, ipnotica. Zara, la madre di Andrea.

Gran brutta storia...

"La zingara", "la maciara", come l'avevano additata per tanti anni, era sempre stata una figura oscura, scrutata con attrazione e repulsione. Un essere alieno e inspiegabile, dal passato fumoso, nascosto in storie in un'altra lingua. Zaccaria l'aveva conosciuta mentre saltava da un lavoretto all'altro, e aveva avuto il coraggio che a tanti altri era mancato: si era tuffato nell'ignoto di testa e l'aveva corteggiata. Ne era nata una relazione e lui l'aveva accudita, come un levatore mansueto, accompagnandola in un terreno a cui non apparteneva e proteggendola dai pettegolezzi di lingue taglienti. In tanti gli avevano detto di lasciar perdere, di ragionare, di smetterla di farsi prendere per il culo, ma lui aveva insistito e il sole li aveva baciati, le giornate erano trascorse lunghe e serene e le notti erano passate calde e quiete. Tutto aveva funzionato, fino...

Fino alla nascita di Andrea.

Zara nessuno l'aveva mai conosciuta davvero, ma le profezie su di lei dovevano averla segnata a tal punto che lei le aveva avverate. Gli ingranaggi del suo spirito si erano rivelati fragili, e alla fine avevano ceduto. In seguito al parto l'isteria l'aveva sopraffatta, l'esaurimento nervoso l'aveva fatta scoppiare. Era mutata in una lince, aggressiva, sempre in bilico tra l'orlo del pianto e dello strillo, fino alla prossima esplosione di rabbia, al prossimo gesto eclatante, alla prossima sfuriata immotivata.

Zaccaria aveva resistito anni accanto a lei, sopportando il male oscuro che la divorava, finché era stata la stessa Zara a non poterne più. Un giorno che appariva come gli altri era salita sulla ringhiera del balcone. Doveva aver guardato lontano, chissà, forse alla propria terra d'origine. Ormai il peso di mille macigni invisibili doveva essere diventato insostenibile, l'unico modo per ritrovare una desiderata leggerezza era lasciarsi cadere.

Zara si era suicidata di domenica, mentre Andrea e Zaccaria l'aspettavano inconsapevoli in salotto. L'avevano ritrovata in cortile, con un sorriso tra le labbra. L'ultimo, quello che non era riuscita a trovare per tanto tempo.

Strisciando, le piaghe verminose di Malattia, Miseria e Morte si erano infiltrate nella storia della famiglia Marsala per destinarla alla Tragedia. Tante sciagure si erano abbattute sulle teste dei sopravvissuti e ora una nuova, angosciosa insidia mostrava le zanne, spezzava le schiene, stringeva le spire. E non restavano che le lacrime e un pianto incredulo.

Anna si alzò dal tavolo, per rivolgersi verso il lungo corridoio alla cui fine l'aspettava la camera di Andrea. Poteva sentire la pressione schiacciante di cosa stava per succedere. Tremava di paura, tristezza, impotenza e scoramento, ma non si sarebbe potuta tirare indietro, non a questo punto. Aveva una confessione da ascoltare: era tempo di svelare un oscuro segreto.

«Ti prego, Anna, dacci una mano.» Non credeva di esserne in grado.

La porta l'aspettava. Le pareva che il legno si gonfiasse e si sgonfiasse a ritmo del suo affannare. Un groppone le gravava sopra lo sterno, insieme a un nodo alla gola che cercava di scacciare deglutendo per l'ansia. Un tremolio le sfiorava le nocche, mentre alzava il pugno per battere due colpetti sullo stipite.

A cosa stava andando incontro? Ce l'avrebbe fatta a scuotere l'amico dal torpore? A riavvicinarsi a lui? Era davvero di conforto lei, lì? Si sentiva inutile come non mai. La parte più critica della coscienza le ripeteva che non serviva a niente, non era il suo posto quello. Non era la sua battaglia, sarebbe stato tutto vano.

No, no. Lei lo doveva fare. Per Andrea. Per il bambino con cui era cresciuta, per il ragazzo di cui aveva avuto il privilegio di sperimentare l'immensa bontà e la delicata sensibilità. Se il giovane uomo aveva creduto in lei, ci doveva essere qualcosa di speciale che lo avrebbe aiutato, seppur un minimo.

Toc, toc.

«Andrea?» Silenzio.

«Andrea, sono Anna. Sono qui, per te.»

La risposta arrivò debole e spezzata, in un soffio di fiato, presagio di un dolore asfissiante.

«Anna... sei venuta. Grazie, ti aspettavo.»

Le sembianze di Andrea le apparvero in mente, come un fantasma. Il capo minuto, la pelle liscia, il naso all'insù, gli occhi scuri, le labbra sottili, i lineamenti felini e i fluenti capelli a zazzera dello stesso colore della madre. Ora che non poteva stargli vicino, toccava solo immaginarlo, per come era, censurando tutti li sfregi con cui il brutto periodo poteva averlo deturpato.

«Ma certo che sarei venuta per te... Come stai?»

Pensò di aver fatto una domanda stupida, meritevole di una risposta taciuta.

«Ti va di farmi entrare? Così parliamo faccia a faccia.»

Prima di poter impugnare il pomello, la sferzò una stoccata irruenta. Stavolta la voce era tuonante.

«No! Non aprire! Non puoi entrare!»

Immaginò due fossette crearsi sulle guance di Andrea, piene di sofferenza, rifiuto, rabbia e detriti emotivi.

«Io mi vergogno, Anna. Mi vergogno di quello che sono e... ho paura di quello che potrei fare.»

Anna era così turbata che i pensieri divennero parola, anticipando ogni riflessione.

«Che vuol dire?»

D'immediato il clima gelò.

«È difficile da spiegare. Ci vorrà un po'...»

Un breve prologo, a introdurre un fiume in piena.

«Vedi, io non mi sono mai accettato. Mai. Sin da quando ho coscienza, io so, per certo, di non essere come tutti gli altri. Io non sono mai stato come gli altri bambini. L'ho sempre saputo ma, oh dio, il solo pensiero di cosa ti sto per dire mi fa morire dentro... Io sentivo... sento... queste sensazioni. Mi sconvolgono, sono terribili. Ogni volta mi avvilisco, eppure loro ci sono, sempre. Non sono le sensazioni di un maschio. No. A me non interessa quello che interessa agli altri ragazzi, non è il mio mondo quello. Odio avere i peli. Io mi tocco il petto, e sogno di avere il seno. Il seno di una donna. Il mio pene l'ho sempre detestato. Mi guardo allo specchio e poi, fantastico di essere femmina. Quando guardo una ragazza, io... io vorrei solo essere come lei. Quando giocavamo alle fate, Anna, io pregavo che qualche incantesimo mi trasformasse in una come te. Io l'avrei rubato, il tuo corpo! Ma non sono femmina, e non lo sarò mai. Io sarò sempre imperfetto.»

Ora il pianto straripava dall'altra parte della soglia. La confessione aveva rilasciato, con la potenza di mille chilotoni, le scorie di vent'anni di sofferenza. Anna le immaginò volare nell'aria, per poggiarsi sulle guance rigate dell'amico.

«Andrea, io...»

«Sì, lo so. L'avevi già sospettato. L'avranno saputo tutti, sono una fottuta checca. Mi sono odiato così tanto, così nel profondo. Ho passato anni a chiedermi il perché. Ho pregato per avere una risposta e mai nessuno me l'ha data! Poi un giorno... Ho capito. La risposta me l'ha data lei. Lei l'ha saputo sin dal momento in cui mi ha visto. Ha capito che ero condannato a essere incompleto. Sono stato il suo più grande rimorso. Ecco perché è impazzita.»

Anna strabuzzò gli occhi e si appoggiò in avanti, contro il muro. La testa le girava in modo vorticoso, le gambe le si erano fatte di burro. Che diamine voleva dire? Andrea delirava, era impazzito del tutto. La situazione era ben peggiore di quanto immaginasse. Un tale abisso di agonia era straziante persino solo da concepire. Cosa c'entrava sua madre? Come poteva pensare fosse stato lui a causarne il suicidio?

«Mia madre praticava la magia... lo sapevi, non è vero?»

A ogni nuovo passaggio la conversazione assumeva sfumature più sconvolgenti. Che Zara si lanciasse nell'esoterico, Anna lo sapeva.

Tarocchi, fatture, predizioni, contatti coi morti. Era solo uno dei tanti segreti mal custoditi che, in paese, circolavano attorno alla defunta. Ma ancora una volta, cosa c'entrava? Il mosaico si arricchiva di pezzi all'apparenza incompatibili tra loro.

«Alcuni mesi fa ho rovistato tra le sue vecchie cose. In uno scatolone ho trovato un diario e... non puoi capire cosa c'era scritto dentro, Anna. Mia madre era una holypi, una strega! Una strega! Dopo aver letto il diario, l'ho bruciato, ma ormai la mia vita era cambiata per sempre... La famiglia di mamma portava avanti un culto, di generazione in generazione. Adoravano Varga, una strega millenaria, una divinità terribile. Fu bruciata sul rogo centinaia di anni fa, ma la sua anima non è morta. Lei è viva, e aspetta solo un nuovo corpo. Secondo la leggenda una sua discepola partorirà la sua reincarnazione e mia madre...»

Un'intuizione, un principio di illuminazione: i tasselli si stavano allineando, seguendo uno schema.

«Lei pensava di essere l'eletta! La mia nascita era parte di un rituale enorme, dovevo essere io, il corpo che avrebbe ospitato Varga! Mi hanno mandato addosso una maledizione!»

La ragazza sentì un grido strozzarsi in gola, a raschiare la faringe. Quel racconto tanto folle la immobilizzava: avrebbe voluto agire, far ragionare Andrea, ma una forza magnetica l'ammaliava in spire vorticose. Tutta la vicenda era assurda ma, vivendola, percepiva qualcosa accadere, tastava una strana presenza.

«Ma qualcosa è andato storto, non ha funzionato: io sono nato maschio! Dovevi leggere Anna... "Il bastardo", mi chiamava! Era disperata che la strega fosse prigioniera nella carne di un uomo! Capisci? Lei è dentro di me!»

Nelle sue proiezioni mentali dietro la silhouette di Andrea si alzava una grande ombra. Estendeva la schiena arcuata e allungava le braccia ossute, per ghermirlo. Nei suoi occhi, rossi di sangue, brama, furia e desiderio.

«Io la sento, Anna! Da quando ho scoperto la verità mi parla, strilla nella mia testa. Mi insulta, mi riempie di brutte parole e... vuole essere libera! Vuole uscire! Prendersi un nuovo corpo! Io non ce la faccio più. Mi vuole far fare cose tremende, orrende! E io... No, non posso più resistere. C'è solo una soluzione: devo obbedire ai suoi ordini.»

Anna impallidì, disperata. Urlò il nome di Andrea, lo implorò di fermarsi, di non farlo. Ma ormai era tempo di un commiato fatale.

«Ti ho chiamata per avere qualcuno da salutare. Tu sei sempre stata gentile con me. Ti voglio bene. Ti voglio tanto bene. Ciao.»

Allora iniziarono i latrati: vibrati di puro dolore, espressione di un supplizio atroce. Anna cominciò a picchiare contro la porta, ma questa restava salda. Zaccaria, il padre di Andrea, si fiondò sul posto in pochi istanti e, capita la situazione, prima di bofonchiare preghiere confuse, iniziò a tirare possenti spallate all'uscio.

Intanto il ruggito della tortura continuava, vigoroso, a rimbombare tra le pareti, facendo tremare la casa sin dentro le fondamenta. Andrea stava patendo le peggiori pene dell'inferno, e loro niente potevano.

Quando, grazie a una dozzina di colpi, la porta capitolò, sotto i loro occhi si presentò una scena da incubo...

La prima cosa a travolgere Anna fu la folata di tanfo proveniente dalla soglia. Andrea si era asserragliato dentro per mesi interi, senza pulire e pulirsi, lasciando sparpagliati rimasugli di cibo e i bisogni alla bene e meglio in buste, scatole e bottiglie. La stanza era un quadro caotico di immondizia e lordume, un ammasso di cianfrusaglie sparse, cartacce, vestiti, libri e chissà cos'altro che sembrava aver preso vita propria come una edera invadente. Il letto era sfatto e pezzato di sudore e piscio, le lenzuola stracciate e infine, lo specc hio...

C'era un grosso specchio appeso al muro ed era rotto, frantumato in diversi punti, con enormi buchi sulla superficie. Devastato con furia, ma anche con uno scopo ben preciso.

Andrea stringeva un enorme frammento tagliente tra le mani: aveva raccolto la lama più grande che potesse reperire, se l'era puntata all'inguine e poi...

Anna fu assalita da un conato.

La ferita era orribile, slabbrata e profonda, la carne squarciata, vene e tendini recisi spillavano una fontana scarlatta. Ossa, muscoli e nervi facevano capolino dalla piaga, lì dove prima c'era...

Zaccaria si portò le mani alle tempie, atterrito, sbigottito, mentre il figlio nudo stramazzava esangue al suolo. Piombò su di lui, lo cinse nel proprio abbraccio, e con un panno cercò di tamponare l'emorragia, ma non c'era più niente da fare.

Andrea stava spirando, pallido come un cencio. Piegò solo la testa verso Anna, la guardò, schiuse le labbra e...

Pochi secondi dopo, la ragazza scappava tra mille singhiozzi dalla casa.

I ricordi della morte di Andrea non se ne andavano, ne sarebbero mai andati via. Erano mania e ossessione, colpa e trauma, piantati dentro al cervello, sotto la nuca.

Anna non aveva scelta, né possibilità: non poteva sfuggire all'eco dei lamenti, del vetro che infilzava i tessuti molli, al sangue denso e grumoso, al puzzo della brutalità e della follia. Ogni attimo era immortalato come un fotogramma su pellicola, inciso tra i neuroni e rivissuto in ogni sinapsi.

Quel giorno non riusciva proprio a uscire dalla stanza. Affogava in un mare di sconforto e disperazione. Nemmeno lì, in un utero domestico, riusciva a trovare pace. I parassiti della paranoia formicolavano, un senso tangibile di minaccia e pericolo vibrava. Nessun posto sarebbe stato sicuro, non più.

Ritornò, per l'ennesima volta, a quell'istante. Il momento in cui Andrea aveva esalato l'ultimo respiro, reclinando la testa all'indietro. Lui, con le iridi già vuote e spente, l'aveva fissata, dritta nelle pupille, con decisione inequivocabile. In un movimento innaturale aveva poi fatto schioccare la mascella, scandendo con la lingua contro denti e palato un messaggio finale. Proprio per lei.

Ti aspettavo, Anna.

La voce che aveva sentito però, non era di Andrea, no. Era di qualcun'altra. Rauca e profonda, rantolante, proveniva da un'altra dimensione e un'altra era, eppure si poteva distinguere in modo chiaro che fosse femminile. Doveva essere...

Un brivido di terrore le corse lungo la spina dorsale, i bulbi le stavano per schizzare fuori dalle orbite. La poteva udire, di nuovo, stavolta le sussurrava sin dentro l'orecchio.

Mi sono liberata dalla mia prigione e mi serve un nuovo corpo. Ho trovato te. Non mi puoi combattere. Ti arrenderai, prima o poi.

Uno scatto, e Anna si rinchiuse a chiave in camera sua.

CAPITOLO 6

LA BAMBINA CENTENARIA

Sembrava una ragazzina.

Certo, ci sarebbero cascati tutti, eppure, come scoprì più avanti, aveva più di quattrocento anni.

La notò un giorno di fine primavera mentre tornava a casa dal lavoro.

Non le diede più di dodici anni. Magra, slanciata, capelli ricci e castani che le arrivavano alle spalle. Indossava una canottiera blu e dei pantaloncini neri. Ai piedi delle ciabatte scure, non le infradito, ma quelle a fascia larga che si usano per andare in piscina. Guardava per aria, la mano destra persa dentro un sacchetto di patatine.

Le fece la radiografia quando le passò accanto con l'auto, senza che lei si accorgesse minimamente di lui. Un flash, solo pochi secondi, che tuttavia gli furono sufficienti per imprimersela nel cervello. Quando però la superò e scrutò dallo specchietto retrovisore l'altra faccia della luna, lei si girò e fece uno strano cenno.

Avrebbe dovuto andare avanti.

Avrebbe dovuto ignorarla e proseguire. Non ne fu capace.

Fece inversione nel parcheggio di una pizzeria da asporto e la raggiunse. Ancora non sapeva quanto si sarebbe pentito per quella decisione. Ma tant'è, col senno di poi sono tutti indovini.

Non era una ragazzina. Era una strega.

Quando l'accompagnò a casa non conosceva ancora la sua vera natura.

A dire la verità non sapeva neppure la ragione per la quale l'avesse seguita, così in pieno giorno, ma una forza potente, incontrollabile, lo aveva spinto a scendere dall'auto e affiancarla. Le aveva stretto la mano destra, quella unta di patatine e così, uniti in quella stretta, camminarono per circa due chilometri, senza dirsi una parola.

Giunsero alla sterrata che si srotolava lungo il fiume; sull'altro lato, più lontano, il nastro grigio della strada statale. Arrivati al vecchio ponte, quello ricoperto da edera e papaveri, lo attraversarono per immettersi sul sentiero parallelo. Su quel lato del fiume, in un terreno invaso dalle erbacce, c'era la casa della bambina, protetta da un recinto scalcinato. Si trattava di un parallelepipedo di mattoni a vista col tetto mezzo sfondato. Un gigantesco numero di telefono scritto con della vernice nera capeggiava sulla facciata prospiciente la ciclabile, posizionato sotto la dicitura vendesi.

«Io abito qui con mia nonna» disse la bambina. La sua voce era ruvida e aspra come una striscia di carta abrasiva.

«Dai, vieni dentro» continuò. «Lo so che hai voglia di scoparmi.» Sgranò gli occhi e balbettò come un ragazzino alle prime armi.

«Co...come ti ch...chiami?»

«Come se per te avesse importanza.» Quella voce lo colpì ancora come una scudisciata. Si eccitò. Il contrasto tra il corpo immaturo e quel suono graffiante, come arrochito da migliaia di sigarette, lo faceva uscire pazzo. «Mi chiamo Selena.»

All'interno della casa regnavano una calura insopportabile e tanto disordine. La luce del sole filtrava dai vetri lerci delle finestre, manifestandosi in fasci di pulviscolo soporifero. Nella grande stanza che fungeva da cucina e sala da pranzo solo pochi mobili: una credenza, un tavolo, una poltrona, tre sedie.

Una vecchia dai lunghi capelli grigi sciolti sulle spalle riposava sopra una sedia a dondolo.

«Mia nonna» disse Selena, indicandola.

L'uomo si avvicinò e tese la mano. «Piacere di conoscerla, signora.

Io sono Piero.»

«Non ti può rispondere, le hanno tagliato la lingua. Baciale la mano in segno di rispetto.»

Piero prese la mano della vecchia nella sua e avvicinò la bocca, ma prima che le labbra potessero poggiarsi sulle dita rinsecchite, la vecchia si sbriciolò in un mucchietto di cenere grigia.

Piero rabbrividì e Selena avvertì quella vibrazione propagarsi per tutta la casa, come una serie di cerchi concentrici partoriti da un sasso lanciato sopra la superficie di un lago.

Rise, gustandosi sino in fondo lo spavento dell'uomo.

«Alla nonna piace scherzare. Poi è ancora molto legata al passato.»

«Ma chi siete? Cosa siete? Cosa volete da me?»

Selena salì sul tavolo e si spogliò. Il suo sesso umido e glabro si trovava esattamente all'altezza degli occhi dell'uomo. Iniziò a toccarsi, con le dita che entravano e uscivano veloci dal profondo della sua intimità. La pelle era pallida e secca, rugosa, con un reticolo di vene azzurrognole che solcavano l'intera superficie. Quando l'aveva avvicinata la pelle della bambina non era così rovinata e decadente.

Quello non era il corpo di una bambina. Non poteva esserlo.

«Cosa siamo? Streghe. Tu credi alle streghe, Piero?»

L'uomo fece cenno di no con la testa, un sorriso ebete sul viso.

«Invece dovresti. Esistiamo da sempre e ci piace accoppiarci col diavolo o con anime dannate come la tua. È la nostra natura, abbiamo bisogno di assaporare la linfa corrotta. A te piace scoparti le ragazzine, vero?»

Selena non aspettò la risposta, saltò giù dal tavolo e lo prese per mano, conducendolo in una piccola stanza situata sul lato opposto della casa.

Una volta in camera non perse altro tempo: gli strappò i vestiti di dosso, lo scaraventò sul letto e iniziò a cavalcarlo.

Non dovette stuzzicarlo ulteriormente: era già pronto.

Piero vide la ragazzina dimenarsi sopra di lui, le vene azzurre che pulsavano al di sotto del sottile strato di pelle. Soprattutto si concentrò sul viso che, nel corso dell'amplesso, pareva mutare in continuazione, incartapecorirsi come quello di una vecchia decrepita e poi tornare liscio e levigato come quello di una bambina. L'effetto era strano, particolare, simile allo sfarfallio di un neon prossimo allo spegnimento.

Il fatto è che Selena non si stava esaurendo, anzi, si stava ricaricando. Piero era sicuro di questo, sentiva una potente onda energetica scorrere sopra di lui. Poi lei cambiò posizione, mettendosi di sotto e affondò unghie affilate come coltelli nella sua schiena.

«Su, è ora, vienimi dentro» gli disse lei all'improvviso.

Piero obbedì, andando incontro a un piacere che non aveva mai provato in vita sua. Quando si stese sul letto per riprendere fiato ebbe un sussulto: la nonna di Selena si trovava vicino alla soglia della cameretta, seduta sulla sedia a dondolo e lo stava osservando.

Selena, sdraiata al suo fianco, sembrava stesse dormendo. Il suo corpo non era più quello di una bambina, bensì quello di una ragazza di vent'anni, nel pieno della forma fisica. La pelle era liscia e abbronzata, semplicemente perfetta. Anche il reticolo azzurrognolo di venuzze era sparito. Era bellissima, ma lui la preferiva com'era prima, la voleva bambina. Appena formulò quel pensiero i graffi sulla schiena cominciarono a bruciargli e a dargli fastidio.

«Sei un pedofilo del cazzo, è questo che mi piace di te» mormorò Selena, come se gli avesse letto nella mente. «Sei tutto marcio.»

«Avevano ragione, sai?»

Piero si voltò a guardarla. Le ferite sulla schiena si erano infettate e gli facevano un male cane, lacerate e rinnovate dopo ogni rapporto. Anche la testa gli doleva e gli occhi erano più rossi dell'inferno per la stanchezza e la mancanza di sonno. Si sentiva uno straccio.

Da una settimana si trovava recluso in quella topaia, da predatore era diventato preda, in balia di quell'essere malefico.

«Chi aveva ragione?» chiese senza voglia. Sentì la propria voce arrivare da un luogo lontano centinaia di chilometri.

«I rappresentanti dell'Inquisizione mandati a Triora. Eravamo tutte quante streghe. Io sono stata liberata dopo qualche settimana di prigionia. Ero una ragazzina di appena tredici anni. Mia nonna invece è stata abbrustolita per bene.»

Selena addentò un pezzo di pane cosparso con dell'olio di oliva.

«Sulla carestia invece avevano torto. Perché mai avremmo dovuto affamare il paese? Non c'era motivo.»

Piero scrollò le spalle. Non gli importava nulla di quella faccenda. La strega rise.

«Chissà cosa mi avresti fatto se fossi stato tu a giudicarmi. Non credo che mi avresti lasciata andare. Che dici?»

«Dico che sono stanco e me ne voglio andare.»

«Vuoi tornartene a casa? Non preoccuparti, dopo stasera ti lascerò andare.»

La notte era scesa sulla città, portando in dote una luna irreale: piena e gialla come una toma, sembrava affetta da gigantismo.

Piero e Selena erano distesi sul letto, la luce lattiginosa che strisciava nella stanza dalla finestra aperta, come un fantasma.

Piero ansimava sopra il corpo della ragazza e non vedeva l'ora di espletare quell'incombenza e tornare alla sua vecchia vita.

Era debilitato, sentiva dolore quasi in ogni anfratto, ma la cosa peggiore era che non provava più nessuna attrazione per quel corpo. A lui piacevano le bambine, non le ragazze. Una quindicenne aveva già il potere di riuscire ad azzerare il suo interesse, figuriamoci una femmina che dimostrava anche qualche anno in più.

Strinse i denti e accelerò il ritmo, poi una nuvola oscurò la luna e la stanza piombò nell'oscurità.

«Non ti fermare, continua» gridò Selena. «Ormai ci siamo.»

Pierò obbedì, mettendo mano ai ricordi. Riproiettò nel cinema della sua mente tutte le immagini delle creaturine che era riuscito a collezionare: gli appostamenti nelle scuole, al parco giochi, fuori dai centri sportivi e dalle piscine. I primi approcci, la conquista della loro fiducia, il contatto fisico iniziale e poi...

«Quante ne hai massacrate di quelle piccoline? Dai, a me puoi dirlo» sussurrò Selena sotto di lui. La voce era strana, particolare, priva del familiare timbro ruvido.

Dalla finestra arrivava un odore di campi, paglia ed erba tagliata.

«Non lo so» rispose lui.

«Davvero non lo sai?»

«È così, non le ho mai contate.»

Selena affondò per l'ennesima volta le unghie nella schiena dell'uomo, aprendo croste, facendo scorrere piccoli rivoli di sangue.

Quando lui esplose dentro di lei, la strega mugolò, godendo appieno di quel seme infetto. Nello stesso istante il cielo nero inghiottì la nuvola passeggera, inglobandola nella tenebra. La luna tornò a rischiarare la stanza con la sua luce color latte e allora Piero la vide.

I lunghi capelli grigi ricadevano sui seni flosci e rinsecchiti, gli occhi gialli e brillanti come quelli di un gatto accoglievano la luce e la riflettevano tutt'intorno. La bocca era larga come un crepaccio, aperta in un sorriso ripieno di denti marci. Si girò, per evitare di cadere nel baratro della pazzia, ma quando vide Selena sotto la cornice della porta, assopita sopra la sedia a dondolo, urlò con tutto il fiato di cui disponeva. Cercò di sfuggire alla vecchia, ma lei lo teneva avvinghiato al suo corpo decadente con artigli uncinati. La nonna di Selena alla fine lo attirò a sé e addentò un pezzo di avambraccio.

«Non te ne andrai mai da qui, tesoro. Quando avremo finito di succhiarti fuori l'ultimo goccio di malvagità ti spolperemo anche le ossa.»

Piero sentì quelle parole uscire allo stesso tempo dalla bocca di Selena e da quella di sua nonna. Si chiese se fossero la stessa persona, emanazioni di una stessa entità, poi gridò di nuovo. Per il male e per il terrore folle.

CAPITOLO 7

LE STREGHE NELLA VALLE

L'idea che la straordinaria narrazione chiamata Diario di Luca Ferraris sia un documento autentico che narra fatti stupefacenti, mostruosi ma veri è stata abbandonata perché tutti gli esperti che l'hanno esaminata dicono si tratti invece di un'elaborata burla messa in piedi da me, dotato di un senso dell'umorismo perverso, come ha detto qualcuno. L'avrei fatto solo per tentare di spiegare la scomparsa di mio fratello.

Solo qualche scrittore di horror mi ha creduto ma le loro attestazioni di stima e le loro credenze circa un mondo separato da un margine sottile e precario dell'inconoscibile e del soprannaturale mi hanno assegnato il ruolo del pazzo visionario. Proseguirò in questa narrazione, che riproduce il documento originale nella sua forma frammentaria, per offrire al lettore i fatti aggiornati, premettendo che, se tutto quello che mio fratello ha raccontato è fantasia, è invece reale la presenza di una malga nella valle.

Il Diario di Luca Ferraris fu rinvenuto ai piedi di una roccia della Valmasca, alcuni chilometri a monte rispetto alla Valle delle Meraviglie. Il 10 settembre 2019 Jean Laforet, un bracciante impiegato da Remy Marat, proprietario delle vigne Marat, notò un portasigarette d'avorio accanto al sentiero che s'inerpica verso la Valmasca. Pochi passi avanti raccolse un binocolo fra le ortiche di un fosso. Infine sotto una grande roccia, vide un libro rilegato in tela rossa, che si rivelò essere un quaderno con fogli staccabili, alcuni dei quali si erano separati e svolazzavano attorno alla siepe, ma lui riuscì a raccoglierli. Il quaderno fu portato dal bracciante al suo padrone, che a sua volta lo mostrò al dottor J.H. Delacroix, di Tenda che lo inviò alla procura della Savoia, dove si trova ora.

Tutto il manoscritto è vergato con una biro dallo strano colore verde, ma le ultime righe sono scritte a matita, non tutte leggibili, come se fossero state scribacchiate in fretta di fronte a un pericolo

imminente. Inoltre una macchia sulla copertina rossa, sfuggita a un primo esame, è stata in seguito identificata dagli esperti della scientifica come il sangue di mio fratello.

Ma tutto ciò non è stato sufficiente a prendere sul serio, come dicevo, il contenuto del Diario.

Quindi mio fratello è stato dichiarato scomparso ma le indagini si sono arenate, anche se per me era tutto chiaro. Leggiamo insieme quello che scrisse.

Il Diario di Luca Ferraris 19 agosto lunedì

Non posso non affidare alle pagine di questo diario le incredibili vicende che mi sono capiate ieri. Avevo ricevuto agli inizi di luglio l'incarico d'insegnare in una scuola privata di proprietà della contessa Lascaris, nobildonna italiana che viveva in una grande villa ai margini di Casterino, un paesino delle Alpi Marittime francesi, un tempo territorio italiano.

«Casterino è un angolo di paradiso incontaminato ai piedi del Parco nazionale del Mercantour. Arroccato a

1550 metri di quota, quest'oasi di pace è circondata da suggestive vette che le metteranno allegria se le piace camminare!» aveva gorgheggiato al telefono Eulalia Lascaris continuando ad elogiare le miei doti d'insegnante che un comune amico le aveva segnalato.

«Abbiamo bisogno di lei perché il nostro vecchio maestro, ahimè, è passato a miglior vita.»

«La ringrazio tanto per la fiducia. Vorrei sapere quanti sono gli alunni.» domandai titubante.

«Sono quindici, tutti bambini che abitano in valle. Sono tutti bravi, rispettosi e desiderosi di continuare a imparare l'italiano!»

Avevo dei dubbi su una scuola elementare francese dove si studiava l'italiano, anche se tutto lì intorno trasudava d'italianità; nutrivo inoltre dei dubbi su alunni rispettosi del maestro nel 2019 ma tant'è. La paga era molto buona per cui concordai che domenica pomeriggio, il 18, mi sarei presentato alla villa.

Temendo di arrivare in ritardo, decisi di recarmi sul posto la domenica mattina. Arrivai presto, parcheggiai l'auto all'ingresso del paesino e chiesi informazioni su

Villa Lascaris. Uscii dal paese e cominciai a inerpicarmi su un grande viottolo che si restrinse sempre

più. Nuvoloni neri si addensavano sulla mia testa e anche se sapevo bene come il tempo possa cambiare in modo repentino in montagna, decisi di continuare. Fu un errore. Mi colse un temporale. Ero in mezzo a un fitto bosco di abeti. Non potevo certo aspettare di essere colpito da un fulmine. Tra scrosci di pioggia e rimbombi di tuoni mi misi a correre per cercare di uscire dal bosco. Deviai sulla destra e continuai a salire finché la pioggia cessò.

Mi trovai in una valletta tutto fuorché amena. Il cielo ancora livido stendeva un colore malato tutto intorno.

Entrai in un boschetto dove alberi neri e stranamente gonfi elevavano rami contorti verso il cielo. Le foglie itteriche, giallo-verdi, stendevano verso il basso le loro cinque dita come quelle degli ippocastani. I frutti che s'intravedevano in mezzo alla chioma sembravano piccole pere di color pervinca.

Ai piedi di alcuni di essi rischiai di calpestare strane stelle alpine color magenta.

Riprese a piovere e io, guardandomi intorno, scorsi una luce.

Decisi di raggiungerla. Era una malga.

Completamente zuppo e infreddolito bussai con una certa violenza. Mi aprì una vecchia che mi fece accomodare accanto a un camino dove un grande ciocco scoppiettante emanava luce ma soprattutto calore.

Dopo qualche minuto si palesarono altre due vecchie scortate da un enorme terranova che si accucciò davanti al fuoco.

Mi parlarono in italiano e io lì per lì non mi stupii più di tanto, frastornato com'ero.

«Bel giovane, da dove venite e dove siete diretto?» mi chiese la vecchia dalla pelle più rugosa che si chiamava Melaine.

«Vengo da una città del Piemonte, Alessandria e dovevo raggiungere Villa Lascaris a Casterino, per sostituire il nuovo maestro della scuola privata che la contessa gestisce.»

«Benedetto giovane, siete andato proprio fuori strada: eravate in Val Casterino e avete scollinato qui, in Valmasca!» mi redarguì Urielle, la vecchia che mi sembrava più giovane.

«Io devo ritornare a Casterino: mi stanno aspettando. Che ore sono?»

«Sono le sei. Se ti metti subito in cammino tra circa due ore sarai a Villa Lascaris!» suggerì Helene, la terza vecchia.

M'indicarono la via, mi diedero una pila, una piccozza e uno zaino con un panino al formaggio e una pera.

Arrivai stanco alla villa dove mi aspettavano da circa tre ore. Raccontai alla contessa solo che mi ero perso e nulla più.

20 agosto martedì

La mia prima giornata di scuola è trascorsa senza traumi. Ho conosciuto la mia classe, una classe di quinta elementare di undicenni, nove bambine e cinque bambini. Sembrano usciti dal libro Cuore di De Amicis, rispettosi, attenti e preparati; parlano un italiano fluente e senza inflessioni. Abbiamo parlato un po' del testo narrativo nelle sue varie accezioni, la leggenda, il diario, il racconto autobiografico, d'avventura, del brivido, fantasy, di fantascienza, umoristico, giallo, biografico e storico. Domani leggerò loro qualche passo da C'era due volte il barone Lamberto, di Gianni Rodari. Alla fine della lezione, Geneviève, la prima della classe mi ha detto:

«Maestro, oggi mancavano Claude, figlio del pastore che ogni tanto non lo fa venire a scuola, e Lucien, il suo amico del cuore, che aveva uno dei suoi soliti mal di testa. Domani lui verrà. È un tipo strano, sempre vestito di scuro, un po' lugubre!»

Lugubre erano anni che non sentivo quell'aggettivo e mai espresso da un bambino.

21 agosto mercoledì

Oggi si è presentato a scuola anche Lucien. È proprio tenebroso; scarpe nere, camicia nera, giubbotto nero e le labbra colorate di nero. Nascondeva un libro tra le mani. Quando Lucille ha iniziato a leggere l'incipit del libro di Rodari, ha alzato la destra e ha detto:

«Maestro, anziché Rodari possiamo leggere Stephen King?» Nella sinistra stringeva un'antologia del monarca del Maine.

Visto il serpeggiare d'interesse tra la classe, ho domandato a mia volta:

«E che cosa vorresti leggere?»

«La nonna!» ha risposto con gli occhi che brillavano.

Ho deciso che potevo utilizzare quel racconto che parlava di una strega per affrontare l'argomento del folklore.

Al termine si è aperto un dibattito come nei vecchi cineforum degli anni '70 e abbiamo parlato di streghe. Enrichetta ha raccontato la leggenda delle tre streghe della Valmasca che sacrificano i bambini al Diavolo, per cui nessuno di loro può entrare nella valle.

Ma allora chi avevo visto io? Ho chiesto se quella valle fosse abitata. Mi hanno detto di no. Mi hanno parlato di alcune abitazioni nella Valle delle Meraviglie un po' più a sud della Valmasca. Mi hanno spiegato che la valle si chiamava così per le innumerevoli incisioni rupestri preistoriche lì ritrovate; c'erano figure di pugnali e asce, buoi che arano i campi, uno stregone con le corna e figure geometriche. La maggior parte di questi graffiti si trovava intorno al Monte Bego, da molti considerata una montagna sacra per gli antichi Liguri.

Una certa atmosfera di paura si è diffusa tra i ragazzi ma il mormorio è stato interrotto ancora da Lucien:

«Siete tutti dei codardi. Domani, maestro non verrò a scuola. Andrò nella valle e vi porterò almeno un dente di una di quelle megere!»

Detto questo, ha afferrato il suo libro di King ed è uscito dalla classe, sbattendo la porta.

Alla sera la contessa mi ha raccontato che la leggenda intendeva allontanare i ragazzi dai pericolosi sentieri che conducevano in Valmasca. Non esistevano le streghe; l'unico riferimento folkloristico era costituito da una vecchia malga cadente e disabitata dove si diceva fossero vissute, prima di essere processate e bruciate.

Non sono riuscito a prendere sonno pensando a chi avevo incontrato quella domenica.

22 agosto giovedì

Come si aspettavano tutti Lucien non si è presentato. Ho conosciuto il suo amico Claude. Indossa abiti modesti e puzza un po' di capra. Ha alzato la mano quando ho fatto l'appello; poi non si è più mosso né ha detto una sola parola neanche quando gli ho chiesto se era guarito. Ha passato tutto il tempo a girare la testa tra lo spazio vuoto del banco che occupava Lucien e la grande finestra che guarda verso ovest, verso la Valmasca.

23 agosto venerdì

Lucien è scomparso. I suoi genitori, disperati, sono venuti a cercarlo a scuola. Ho detto loro della sua intenzione di andare da

solo in Valmasca. La madre ha lanciato un grido ed è svenuta; quando è tornata in sé ha abbracciato il marito senza dire più una parola. Abbiamo deciso di allertare la gendarmeria, visto che erano passate ormai più di trenta ore dal suo ultimo avvistamento.

La Valmasca viene perlustrata palmo a palmo anche con l'elicottero.

24 agosto sabato

La scuola è chiusa. Siamo tutti incollati ai telefonini per conoscere gli sviluppi delle ricerche.

25 agosto domenica

Nessuna buona nuova?

26 agosto lunedì

A scuola sono tutti distratti, non fanno che domandare di Lucien. Solo Claude non dice una parola. Il sindaco di Tenda ha fatto visita alla contessa, proponendo di affiancare la gendarmeria nella ricerca di Lucien. Tutti gli uomini alle dipendenze della nobildonna hanno dato la loro disponibilità; anch'io mi sono unito a loro. Domani formeremo le squadre. Oggi pomeriggio un Claude stranamente loquace ha chiesto di vedermi:

«Maestro, vorrei partecipare anch'io alle ricerche di Lucien, era il mio più caro amico, anzi l'unico vero amico.»

«Claude, lo sai che nessuno di voi può andare in Valmasca!»

«Non possiamo andare da soli ma se io sono con lei è possibile.» Non vorrei prendermi questa responsabilità ma il ragazzo mi prega.

Faccio un ultimo tentativo per liberarmi di questo fardello: lo accompagno a casa e chiedo ai suoi genitori il permesso di portarlo con me, convinto del loro rifiuto. Ho sbagliato; domani pomeriggio verrà con me in Valmasca.

27 agosto martedì

La gendarmeria ha diviso la valle in quadranti; a me tocca il numero 15. Non so perché mi sovviene che nei tarocchi quello è il numero del Diavolo; quello strano pensiero mi porta a ricordare ancora quelle vecchie che ho incontrato una decina di giorni fa. Sono passato vicino alla malga delle vecchie. È una catapecchia fatiscente

esoprattuttodisabitatacomecontinuanoadaffermareimiei compagni di ricerca.

28 agosto mercoledì

L'abbiamo trovato! Anzi purtroppo l'ha trovato per primo Claude. Il corpo di Lucien era pieno di escoriazioni dovute a una caduta su una roccia. Ma non è questo che ci ha terrorizzato. Il petto di Lucien era squarciato e il ragazzo ha gridato:

«Non c'è il cuore! Non c'è il cuore!»

Mentre la scientifica lo portava via, Claude mi ha indicato un'incisione su una roccia: un uomo con le corna. I miei compagni di ricerca mi hanno detto che era simile a molte altre incisioni che si trovano più giù nella Valle delle Meraviglie.

29 agosto giovedì

Non riesco più a insegnare. Nella classe non si parla d'altro. I giornali sono pieni di riferimenti a sette sataniche ma non ci sono elementi che possano far pensare a riti diabolici. Non ci sono tracce di DNA che non siano di Lucien e non si capisce se il petto sia stato squartato da qualche oggetto appuntito o sia il frutto della caduta. Ma il cuore? Un ornitologo olandese ha suggerito che sia stata un'aquila a mangiarselo ma gli inquirenti dubitano e continuano a indagare. Qualche articolo di giornale fa riferimento alla leggenda delle streghe nella malga. Tutto ciò ha attirato i turisti dell'orrore che la gendarmeria cerca di dissuadere dal visitare il luogo della tragedia. Claude ha un aspetto orribile: pupille e narici dilatate, si stropiccia sempre gli occhi e si tortura le mani. Mi sembra anche di sentire una sua litania che suona come:

«Sono state le streghe, sono state le streghe!»

30 agosto venerdì

Il mistero sulla scomparsa del cuore di Lucien continua a interessare la mia scolaresca. Non riesco ad andare avanti con il mio programma. Claude non è venuto a scuola.

31 agosto sabato

Oggi riposo assoluto.

Questa sera ho incontrato la contessa che mi ha fatto i complimenti per la mia didattica!

1 settembre domenica

Ho deciso d'inerpicarmi verso il vallone di Casterino e di descrivere il mio viaggio in tempo reale, mentre sto salendo. La giornata è tersa; non c'è una nuvola. Mentre procedo con il naso in aria, scorgo sulla mia sinistra qualcuno che sta percorrendo il sentiero che porta alla Valmasca. Afferro il binocolo. È Claude! Ha uno zaino rosso e una piccozza. Grido il suo nome; non si volta. Decido di seguirlo anche se è molto lontano. Salta come un camoscio. Io sono arrivato al valico della Valmasca ma lui è già sceso. È sparito tra le rocce. Il binocolo mi aiuta a rintracciarlo. Si sta dirigendo verso quella malga! È entrato. Aspetto dieci minuti. Tengo sotto controllo l'uscita con il binocolo; non esce. Decido di raggiungerlo e mi precipito giù dal sentiero. Sono arrivato alla malga. È trascorsa una buona mezz'ora.

Grido con le mani a imbuto intorno alla bocca:

«Claude, vieni fuori!»

Nessuno risponde. Mi avvicino a una finestra ma non si vede niente; invece si sente una strana cantilena; sono voci di donne. Mi sposto a un'altra finestra; anche questa è opaca. Qualcosa però s'intravede: figure che danzano attorno a qualcosa.

Decido di entrare per salvare il ragazzo. Sento che è in pericolo. Mi avvicino allo scalino dell'ingresso principale. Sono inciampato e cadendo mi è sfuggita la biro che avevo nel taschino. [Da questo momento il testo è scritto a matita e alcune parole sono cancellate] Mi rialzo e giro nella [...] la chiave [...] all'esterno. Apro piano piano la porta. Quello che ho visto mi [...]a pietrificato. Torno sui miei passi e chiudo a chiave. Alte urla provengono dall'interno.

Devo agire subito. Come si distrugge una strega?

Il tetto è di paglia; so cosa devo fare. [...]o fasci d'erba secca; uso il mio acc[...] Il tetto ora è in fiamme. Le urla continuano ma io sono impassibile. Non sto uccidendo Claude: è già morto. Devo descrivere, deve rimanere scr[...] ciò che ho visto.

Ho visto le tre vecchie intorno al corpo squarciato di [...].
La più giovane Urielle aveva le mani tese sopra la [...] e
str[...] il cuore di Claude, litaniando:

«O tu che sei la porta e la via, vieni; le tue serve ti chia[...].

Ti [...]no il cuore di questo giovine affinché tu possa
saziarti.

Vieni Satana. Noi pronunciamo le parole e spezziamo le
tue [...]. Il sigillo è [...]to e tu puoi regnare sulla Terra!»

Maledette streghe, bruciate all' Inf[...]!

Speriamo che non venga nessuno a [...]nere l'incendio.
Il fumo nero si sta alzando e tra un po' sarà visibile da
molti punti. Mi allontano. Non devono [...] qui!

[L'ultima riga riporta uno sgorbio che io ho tradotto con:
Non è possibile.]

CAPITOLO 8

RADIO MIRA

Le autorità di pubblica sicurezza del Comune di Cassino iniziavano ad essere preoccupate per la frequenza insolita di alcuni incidenti automobilistici accaduti in un breve tratto della strada regionale 630, nota come via Ausonia.

Il fatto che si fosse al giro del millennio, in quel dicembre dell'anno duemila, non rendeva le cose più semplici per tentare di spiegare i quattordici scontri mortali tra autovetture avvenuti uno al giorno dall'inizio del mese. Molti cassinati, nei supermercati e nei bar, si lasciavano andare a previsioni di sciagure anche più gravi: si stava avvicinando la fine del mondo, tanto annunciata in molti libri e leggende, e quegli incidenti erano solo i primi segnali premonitori.

La cosa che colpiva era il modo in cui si verificavano costantemente i sinistri: una macchina scartava all'improvviso dalla strada sempre nello stesso punto attraversando la linea di mezzeria, invadendo la carreggiata opposta e colpendo frontalmente un veicolo sopraggiungente, sempre un'utilitaria, mai un camion o un furgone o un altro automezzo di grandi dimensioni.

Invariabilmente nessuno sopravviveva a quei terribili scontri; ben trentasei persone erano state estratte dalle lamiere prive di vita, con alcuni pezzi ritrovati persino oltre il ciglio della strada negli sporadici cespugli che delimitavano la radura della bassa Valle Latina, che accompagnava via Ausonia in direzione di Cassino. Ma il quindici di dicembre, alle sette e trenta di sera, quando si verificò il quindicesimo incidente tra una Fiat Panda e una Ford Escort, qualcuno si salvò: Robinia Dellisegni, una bambina di otto anni, nonostante il tremendo impatto scampò alla morte.

Quando, un'ora dopo l'impatto, i soccorritori estrassero la piccola dai rottami della Fiat Panda si urlò al miracolo: respirava, nonostante lo stato di incoscienza e alcune brutte ferite a braccia e gambe. Trasportata al presidio ospedaliero di Cassino venne operata d'urgenza per una lieve emorragia cerebrale da trauma contusivo.

L'intervento riuscì perfettamente, inducendola poi in un coma farmacologico precauzionale; non si poteva capire se il danno provocato avrebbe lasciato dei segni sul cervello di Robinia, ma i medici, seppur prudenti, erano ottimisti sulla veloce ripresa delle sue facoltà.

Al momento dell'impatto al volante dell'auto dove viaggiava Robinia c'era suo padre Walter, dall'altra parte, nella Ford Escort, c'era una giovane studentessa universitaria di poco più di vent'anni. La ricostruzione aveva stabilito che a sterzare provocando la collisione era stato proprio il padre della bambina, morto sul colpo come la studentessa.

Sia i medici, ma soprattutto le autorità del luogo speravano nella ripresa di Robinia per avere finalmente una versione dei fatti di un testimone diretto su quelle strane tragedie stradali che stavano funestando i sonni dei cassinati. Nessuno si aspettava molto da una bambina di otto anni, ma anche una sola rivelazione, un particolare, una situazione contingente all'accaduto sarebbe stata ben accetta per iniziare a chiarire quel groviglio misterioso.

Passò una settimana e inspiegabilmente, ma con il sollievo di tutti, dal giorno in cui sopravvisse Robinia gli incidenti cessarono. Le sue condizioni di salute migliorarono rapidamente, il coma indotto fu sospeso, le attività vitali erano in via di stabilizzazione, le ferite si andavano rimarginando a parte un paio di piccole fratture alla gamba sinistra in via di guarigione.

Il giorno di Natale la bambina riaprì gli occhi e sorrise alla madre. Con un permesso speciale la direzione medica aveva concesso alla donna di restare con sua figlia anche di notte.

«Come ti senti figlia mia!» disse Elena, con lo stupore di chi ha appena ricevuto il più bel regalo del mondo.

Robinia non rispose. Annuì con la testa, poco convinta, accennando un timido sorriso alla madre.

«Non riesci a parlare?» insistette Elena con grazia.

Robinia strizzò gli occhi, strinse i pugni ed aprì la bocca come se volesse urlare, ma l'aria non le usciva dai polmoni.

«Infermiera! Infermiera!» gridò Elena.

Una donna in camice bianco accorse in un lampo. «Sembra che non riesca a respirare!» le disse Elena.

L'infermiera tirò su la bambina, le prese il polso, lentamente ricominciava ad inalare aria.

«Ha avuto un attacco di panico, ma niente di grave. Presumo che nel suo stato sia una cosa accettabile purché non si ripeta costantemente.»

In realtà Robinia nei tre giorni successivi non ebbe altre crisi. L'attività cerebrale e gli altri parametri vitali erano tornati normali. L'unico problema era che la bambina non voleva parlare, non aveva subito danni visibili alle corde vocali, ma continuava a non rispondere persino alle amorevoli richieste della madre.

La psicologa Agatha Ernetti venne incaricata dall'equipe medica di sbloccare lo stato traumatico emotivo di Robinia. Il trentuno di dicembre alle dieci di mattina entrò nella stanza della bambina. Elena fu invitata a uscire. «Dobbiamo fare due chiacchiere da sole.» disse la psicologa alla madre, osservando nel contempo la bambina ed elargendo a entrambe un caloroso sorriso.

Elena le strinse la mano e uscì senza proferire parola.

Gli occhi di Robinia, color nocciola, vispi, da cerbiatto sempre in allerta, sembravano voler concedere una chance a quella donna gentile che si sedette vicino a lei.

«Come ti senti, tesoro?»

La bambina fece oscillare il capo a destra e a sinistra, come a dire: 'Né male, né bene'.

«Insieme non faremo nulla che tu non voglia fare, questo ci tengo a precisarlo.» disse Agatha, prendendo delicatamente la piccola mano destra di Robinia nelle sue.

«È un patto d'onore tra di noi, okay!» e poi aggiunse: «Ora ti chiederò qualcosa e tu se vorrai cercherai di rispondermi, possibilmente con la voce.»

Robinia annuì. Era indubbiamente un colossale e inaspettato passo in avanti.

«Bene! Rammenti qualcosa del tuo viaggio in macchina con il papà?»

La piccola distolse gli occhi dalla psicologa come chi fosse alla ricerca di frammenti mnemonici, di fotogrammi chiarificatori, le iridi vagarono a destra e a sinistra in

una difficile ricerca, e poi disse con un filo di voce: «No...
Dov'è il mio papà?»

Agatha si era preparata la risposta a quella inevitabile
domanda che con alta probabilità si sarebbe affacciata
nella mente di Robinia se avesse deciso di parlare. Doveva purtroppo mentirle, ma al momento non c'erano altre strade percorribili visto il suo delicato stato emotivo.

«Il tuo papà è al lavoro, mancherà per qualche settimana, ma poi tornerà.» le rispose Agatha, cercando
di essere più convincente possibile: la sensibilità dei
bambini difficilmente si inganna se non si recita spon-
taneamente e con bravura. Walter, il padre di Robinia
era un ingegnere petrolchimico e spesso si spostava per
lavoro da Cassino anche all'estero, quindi la menzogna
aveva un pieno senso nella realtà, che la psicologa aveva
investigato per preparare quell'incontro.

«Quando?» replicò Robinia, alzando il tono della voce.

«Presto. Non preoccuparti.» le spiego Agatha. «Ora devi
rimetterti in sesto, e farai una bella sorpresa al tuo papà
ritornando in perfetta forma prima di incontrarlo di
nuovo» sapendo che quella era una forzatura pericolosa

per una bambina, che a detta della madre Elena, era sveglia, perspicace e ben più matura dei suoi otto anni.

Robinia osservò per alcuni istanti la psicologa, come a cercare nello sguardo della donna punti di debolezza nella sua storia, fortunatamente non ne trovò e le rispose: «Va bene, va bene.»

«Ottimo! Stiamo facendo notevoli passi avanti, per oggi abbiamo quasi finito.»

Agatha era titubante se indagare già a quel primo incontro nella mente della giovane paziente, evidentemente quel 'no' esitante alla sua domanda se rammentasse qualcosa prima dell'incidente nascondeva elementi che potevano essere fatti riaffiorare dalla coscienza. Decise di provare.

«Se fai un piccolo sforzo, Robinia, non riesci proprio a ricordare nulla di quel viaggio in macchina con il tuo papà?»

Robinia cercò di concentrarsi guardando il soffitto della stanza con attenzione, come se quel quadrato bianco di cemento fosse lo specchio della sua memoria vuota su quell'evento e vi cercasse un'imperfezione, una minima anomalia architettonica che le stimolasse un ricordo.

Poi si voltò di scatto verso la psicologa, aveva trovato qualcosa.

«Radio Mira.» rispose Robinia con fermezza.

«Puoi ripetere per favore?» chiese Agatha con un filo di voce.

«Stavamo sentendo la radio in macchina, c'era una musica rock, a papà piaceva una stazione che passava musica rock... poi all'improvviso c'è stato un rumore, un disturbo, e poi una voce di donna disse che quella che stavamo ascoltando era Radio Mira... quindi iniziò una strana litania, quella voce mi metteva paura, ma non so cosa dicesse, era una lingua strana... poi non ricordo più nulla.» disse Robinia, lo sforzo la provò, perché subito dopo chiuse gli occhi, le palpebre e le mani le tremavano.

Agatha ebbe una folgorazione a quelle parole. Quel nome, Mira, le ricordava qualcosa... Sua nonna Elide, cassinate da diverse generazioni come lei del resto, una volta le aveva raccontato una storia che a suo dire era più leggenda che verità, ma che le tornò in mente al sentire nominare quelle quattro lettere.

Decise di lasciare prima Robinia al suo meritato riposo: «Sei stata bravissima, tesoro!»

«Grazie.»

Accarezzò il volto di quella dolce creatura provata dagli eventi e si congedò: «Se ti va ci possiamo incontrare di nuovo in futuro per un'altra chiacchierata, okay?»

«Va bene... qual è il tuo nome?»

«Agatha, mia madre mi chiamò così perché era una sfegatata fan di quella famosa scrittrice inglese di gialli... ma per te posso essere semplicemente Aga.»

«Allora ciao, Aga.»

«Ciao Robinia, ora riposati.»

Camminando nel lungo corridoio dell'ospedale, Agatha Ernetti sentì le sue gambe cedere, si vide costretta ad appoggiarsi al muro con la testa e i gomiti per evitare di cadere. La cosa a cui stava pensando era un'assurdità ma non riusciva a scacciarla via dalla mente: Mira la strega era tornata e stava chiedendo il suo tributo di sangue.

La psicologa entrò nella piccola sala che utilizzava come studio nel presidio ospedaliero, chiuse la porta e si sedette dietro il tavolo che usava come scrivania. Doveva chiamare subito Dennis Longaro a Roma, il suo amico giornalista freelance, esperto di fenomeni occulti e paranormali, e lo fece.

«Ciao Agatha, qual buon vento?» rispose al cellulare Dennis dopo un paio di squilli.

«Ciao Dennis... non proprio un buon vento a quanto pare... ma la storia che sto per narrarti mi sembra così assurda che se la raccontassi a chiunque altro si riterrebbe poi in dovere di raccomandarmi riposo e uno psichiatra!»

«Sono tutt'orecchi, amica mia, vediamo se posso aiutarti.»

«Avrai sentito di questi numerosi e strani incidenti avvenuti da inizio dicembre qui, nei pressi di Cassino.»

«Sì. Ho letto sui giornali. In realtà stavo organizzando un'inchiesta per far luce sui fatti, purtroppo mi sono buscato una brutta influenza che fino all'altro ieri mi ha trattenuto a letto.»

«Stammi a sentire Dennis... Mia nonna Elide, da sempre appassionata di tarocchi e storie curiose, quando avevo diciotto anni mi raccontò la vicenda di Mira, una strega che abitò queste zone della Valle Latina presso Cassino alla fine del XVII secolo. Non starò a tediarti con tutti i particolari, ma in sostanza, tra verità e leggenda, Mira era una giovane pagana di circa vent'anni, bellissima, dedita al culto di Satana. Partecipava a sabba e malefici vari che organizzava insieme ad altre pagane e corse voce a quei tempi che in quei riti blasfemi si arrivò al sacrificio di alcuni bambini. In seguito una delegazione dell'Inquisizione si recò da Roma nella Valle Latina per prenderla e portarla in qualche convento o monastero per ascoltarla in merito alle accuse che le erano state rivolte di eresia, stregoneria e omicidio. Ufficialmente la delegazione tornò a mani vuote, la strega sembrava scomparsa nel nulla... in realtà alcuni testimoni, che non fecero mai sapere i loro nomi, raccontarono in giro una storia diversa che è stata tramandata fino ad oggi... La giovane donna era stata presa, brutalizzata sessualmente dagli armati della delegazione, impiccata e poi bruciata, proprio nella zona in cui si stanno verificando ora gli incidenti.» disse Agatha, alzando il tono della voce nel declamare le sue ultime parole.

«Vuoi dunque dirmi che Mira si sta ora vendicando della sua morte in questa fine di millennio portandosi all'inferno un po' di anime che attraversano questo posto?» chiosò e chiese allo stesso tempo Dennis.

«E direi che non è un caso che gli incidenti siano avvenuti sempre nello stesso punto e alla stessa ora.» puntualizzò Agatha.

«No. Non può essere un caso… ma tu come sei arrivata alla conclusione di Mi...» Dennis fece una breve pausa e poi esclamò trionfante: «la bambina sopravvissuta ti ha parlato!»

«Sì. Sembra che prima dell'incidente il padre stesse ascoltando una stazione di musica rock alla radio e all'improvviso, dopo una scarica elettrostatica, questa è stata soppiantata da una nuova frequenza. Robinia, la figlia di otto anni sopravvissuta al sinistro mi ha detto di aver sentito una voce di donna che chiamava quella nuova stazione Radio Mira, seguita da una sorta di litania, poi l'impatto, che però la bambina non ricorda.»

«Credo di avere un quadro chiaro della situazione. Mi organizzo subito e questa sera vengo lì nella zona degli incidenti con il mio amico Paco, un sensitivo in grado di mettersi in contatto con le anime dei defunti. Ti chiedo di darmi questa giornata prima di... mi hai capito?» chiese Dennis titubante.

«Sì, ma domani devo fare quello che devo fare.» sibilò Agatha convinta.

«Naturalmente, grazie amica mia.»

Quando, alle sette di sera, la Renault 4 guidata da Dennis Longaro, uscendo dal casello autostradale della A1 direzione Cassino, ripartì innestando la prima dal cambio manuale sulla plancia, l'oscurità aveva già fatto il suo colpo.

«Ci siamo quasi, Paco.» disse Dennis a Francesco Alvarez detto Paco, il suo amico italo spagnolo. Lo aveva ragguagliato sul caso e preparato su chi fosse il pericoloso contatto da cercare.

Paco gli era stato di aiuto in numerosi casi ai confini della realtà e non gli aveva mai negato il suo apporto; Dennis era sempre stato scettico sull'esistenza di un mondo parallelo, fatto di sostanze eteree, anime dannate e poltergeist vari... ma ne era sempre stato affascinato insieme al suo amico sin da adolescente e poi ne aveva fatto praticamente un lavoro.

«Senti già qualcosa?» chiese Dennis a Paco, che sedeva assorto accanto a lui. «Siamo a un paio di chilometri dal punto in cui avvengono gli incidenti.»

«Sento alcune vibrazioni ma di poco conto», rispose Paco.

«Dobbiamo avvicinarci ancora.»

I quaranta cavalli scarsi del motore dell'auto francese percorsero sonnolenti ancora un tratto di via Ausonia, poi Paco alzò improvvisamente la mano sinistra e disse: «Ci siamo, accosta al ciglio della strada appena puoi.»

Dennis eseguì, fermando la Renault con due ruote sull'asfalto e due sulla lingua sterrata che delimitava con un basso muretto la radura. Accese le luci di emergenza. Poi chiese all'amico il da farsi:

«Qual è il tuo piano, Paco?»

«Scendiamo e ci spostiamo all'interno della radura vicino a quegli alberi isolati, la fonte energetica proviene da lì.»

Dennis aprì lo sportello dell'auto, scese, e diede un'occhiata al manto stradale, erano ben visibili le tracce degli pneumatici delle macchine protagoniste degli incidenti.

Paco nel frattempo era già in cammino verso la radura della Valle Latina.

Raggiunse l'amico che vagava a destra e a sinistra come una bacchetta da rabdomante, qualche sporadico botto di fine anno si sentiva già in lontananza, la mezzanotte si stava avvicinando. In quel punto la radura formava un vasto spiazzo di erba bassa, con sporadiche e piccole file di alberi, forse dei cerri di media grandezza, e qualche cespuglio. A non molta distanza le luci di alcune abitazioni isolate permettevano solo una scarsa visibilità, ma Dennis decise di non accendere la torcia elettrica che aveva con sé.

«Speriamo di non aver violato qualche proprietà privata, non vorrei ritrovarmi alle calcagna qualche cane da guardia o peggio sentirmi fischiare le orecchie con qualche colpo di fucile...» disse Dennis, sperando che Paco potesse sentirlo nel suo concentrato incedere.

«Non credo. Comunque ci siamo. Le vibrazioni ora sono fortissime.» rispose Paco, che fece altri cinque passi e poi si arrestò. Alzò la mano sinistra intimando all'amico di fermarsi e poi aggiunse guardandolo: «Ora devi stare in religioso silenzio Dennis... fai partire il registratore adesso se vuoi, ma poi non devi fare un fiato... tieniti a due metri da me, se dovesse servirmi aiuto intervieni, cercherò di mettermi in contatto con la strega, il suo campo di forza è notevole e dovrei riuscirci, la mia voce e il mio sguardo cambieranno quando lei risponderà usandomi come medium, ma questo già lo sai.»

«D'accordo, forza Paco.» rispose Dennis, non senza un minimo di inquietudine. Un boato non troppo lontano risuonò nell'aria, ricordando a entrambi che la fine del millennio si avvicinava a grandi passi con il suo alone di misteri.

Paco inspirò diverse volte a pieni polmoni, le mani giunte come in preghiera, gli occhi chiusi, la testa eretta e la schiena dritta, una sorta di minareto umano impassibile, un'antenna di carne in cerca di contatti ctoni e imprevedibili anziché di frequenze apollinee.

«Voglio parlare con la padrona della forza che latita in questo tratto della Valle Latina.» disse Paco solennemente, con grazia.

Una leggera brezza da est accarezzò il volto dei due uomini, alcune foglie turbinavano a mulinello come se una microscopica tromba d'aria le animasse.

Il viso di Paco si rilassò, e per quello che era concesso dai miracoli della natura assunse in poco tempo lo sguardo e i lineamenti di un volto di donna.

«Chi osa disturbarmi a questa tarda ora?» la voce che uscì dalla bocca dell'uomo sembrava quella di una giovane ragazza inquieta.

Paco riassunse le sue fattezze e la sua voce per rispondere, il balletto delle parti era iniziato: «Sei tu Mira, l'anima della pagana che si aggira qui intorno seminando morte?»

«Chi altri potrebbe essere secondo te?» rispose la strega, palesandosi così per chi fosse.

«Bene. Sono qui per chiederti il perché di tutte queste morti da te causate recentemente, cosa c'entrano queste persone con quello che avvenne a te?» chiese di nuovo Paco.

«Non c'entrano niente, ma è così che voglio», rispose la strega scocciata. «Prima della fine del millennio volevo togliermi questo sfizio, dopo trecento anni di vagabondaggio all'inferno è un premio che mi sono meritata!»

«Hai intenzione di continuare?» la incalzò Paco. «Dopo che quella bambina si è salvata ti sei fermata, ti senti appagata?»

«Quella bambina deve morire entro mezzanotte, altrimenti inizierò il nuovo anno con nuove sciagure, tanto efferate che quelle appena passate al vostro ricordo vi faranno sorridere di piacere.»

«Ma se io non ti avessi contattata non avremmo mai saputo tutto ciò...»

«Vedi... mi sento buona stasera, non so se Satana tra poco vi risparmierà o scenderà dai cieli porpora dov'é assiso per scatenare il finimondo allo scoccare del nuovo millennio, chi lo sa... io vi sto offrendo una possibilità, la vita di quella fortunata sgualdrinella per altre decine, mi sembra vantaggioso per voi, o no?» osservò e chiese Mira, tradendo un sorriso beffardo sul volto trasfigurato di Paco.

«Chi mi assicura che non ti prenderai gioco di noi?»

«Avete alternative?» replicò la strega, sicura che la sua menzogna fosse chiara e scoperta e per questo più divertente ai suoi occhi diabolici.

Paco non rispose, era in totale confusione.

«O la bambina verrà uccisa o sarà strage, decidete.» sentenziò Mira.

Dennis, che aveva seguito in silenzio il dialogo, decise di intromettersi nel contatto di Paco; il suo amico non lo aveva mai coinvolto direttamente nei suoi esperimenti, ma ne aveva riconosciuto le qualità medianiche in più di un'occasione. Provò, dunque, sapendo di mettere a repentaglio anche la salute mentale di Paco oltre che la sua. Sentiva che Mira stava bluffando e voleva mettere alla prova la strega.

«Non hai più forze pagana, lo sento.»

«Chi è che si è intromesso? Chi osa sfidarmi?» urlò la strega.

«Non importa chi sono. È evidente che Robinia ha rotto il tuo incantesimo di morte e il tuo puerile gioco di ricatto è solo una menzogna e raccontata anche male.»

«Come ti permetti, stupido mortale... posso incenerirti a un mio semplice schiocco di dita, se volessi...»

«Fallo allora.» le disse Dennis simulando una maestosa alterigia.

«Maledetti... che siate maledetti!» disse Mira, il volto sconvolto in un ghigno di disperazione e follia. Paco cadde subito dopo a terra prendendosi la faccia tra le mani come a volersi strappare rabbiosamente di dosso le sembianze della strega. Le foglie cessarono di turbinare, il vento si fermò, la quiete era tornata in quella radura della Valle Latina.

«Paco! Amico mio, ti senti bene?» chiese Dennis.

«Sono stato meglio, ma sono ancora vivo.» rispose Paco, che si alzò lentamente scuotendo la testa.

«Sono riuscito a scacciare via Mira!» esclamò Dennis.

«L'ho visto, mi hai stupito... non ero arrivato a capire il suo giochino, ma tu sì, oggi l'allievo ha superato il maestro a quanto pare!»

«Ho avuto un'intuizione e ho provato... ci è andata bene.»

«Lo puoi dire forte», osservò Paco. «Abbiamo corso un grosso rischio entrambi con la tua intromissione, ma evidentemente la tua forza medianica oggi superava persino la mia.»

Il nuovo millennio arrivò senza catastrofi, forse con più festosi e rumorosi festeggiamenti del solito, ma senza sconvolgimenti di sorta. E soprattutto nessuno notò che Robinia Dellisegni, pochi istanti prima dello scoccare della mezzanotte, si era invece alzata dal letto, piazzandosi davanti alla finestra della sua stanza nel presidio ospedaliero di Cassino. Aveva sollevato il braccio destro all'altezza del collo e parallelo alla base del pavimento, tenendo tesa la mano come una lama affamata, gli occhi lucidi e febbrili, e poi aveva simulato per tre volte il movimento del taglio della testa. Era poi tornata a letto come se nulla fosse; sua madre Elena, crollata emotivamente, quella sera di capodanno non era stata con lei ed era rimasta a riposare a casa dei suoi genitori.

Il giorno di capodanno, nella cronaca regionale serale di radio e giornali del Lazio venne riportata la notizia della morte di tre persone, avvenuta al passaggio del millennio: La psicologa Agatha Ernetti era stata trovata morta dal marito nel bagno di casa sua a Cassino, forse per cause naturali, poco prima del brindisi di mezzanotte; Dennis Longaro e Francesco Alvarez furono ritrovati anch'essi privi di vita all'interno di una Renault 4, che si era accostata a un marciapiede all'inizio della Cristoforo Colombo nel quartiere EUR a Roma. Dalle prime ricostruzioni anche per loro si sarebbe trattato di un'inspiegabile e sincronica morte per cause naturali avvenuta intorno alla mezzanotte di quel tanto atteso ultimo giorno dell'anno.

CAPITOLO 9

UN PIZZICO DI TERRA

Al riparo dei cipressi Gemma sbircia la strada fuori dal cimitero. Il fruscio delle fronde che la avvolgono è l'unico suono che interrompe la quiete di quella notte primaverile. La donna sguscia fuori dal cancello, che si richiude con un cigolio sommesso. Approfittando delle nuvole che coprono la luna, Gemma prende la strada di casa, ma ha appena percorso alcuni passi che lo scricchiolio della ghiaia del parcheggio la fa sussultare. Qualcosa si dirige ansimante verso di lei.

«Dai Rambo, non tirare.» Al sentire la voce della vicina Gemma curva ancora di più la schiena e accelera il passo, il sacco stretto al petto. Dietro di lei il terranova lancia un paio di latrati che si perdono per le vie deserte.

La donna percorre a rapidi passi la strada deserta, il cappotto leggero che sfiora i muri delle botteghe. Rallenta solo quando percepisce l'odore di terra coltivata e il profilo di casa si staglia sui teli delle serre illuminati dalla luna. Imbocca il vialetto e sta per dirigersi verso le serre, ma una luce abbagliante la colpisce in pieno viso e la costringe a schermare gli occhi con una mano.

«Tu e le tue trovate,» borbotta rivolta alla lampada che suo marito ha installato come deterrente contro i ladri. Ha quasi raggiunto la prima serra, ma la finestra del salotto si apre e suo marito si affaccia.

«Dove sei stata?»

«Sono agitata per domani; sono andata a fare due passi.»

«E ti sei portata dietro il sacco?» indica con il mento il fagotto che lei tiene al petto.

«Ho raccolto delle erbe,» Gemma apre la serra ed entra, chiudendosi la porta alle spalle.

Si concede un lungo istante per assaporare il silenzio che regna in quell'ambiente carico di umidità. Posa con delicatezza il sacco e cerca a tentoni l'interruttore della luce. Il lavoro dell'ultima settimana appare come una fiammata: un tappeto di tulipani si stende per tutta la lunghezza della serra, ordinati in file nelle vasche delle aiuole comunali, pronti per essere trasportati di lì a qualche ora nella piazza cittadina per l'annuale festa patronale.

Dopo aver controllato che Elio sia tornato in salotto, Gemma recupera alcune candele che accende e posa qua e là in barattoli di vetro per marmellate, fra i sacchi di terriccio con lo stemma del comune di Cartavecchio e dei cartelli di "divieto di calpestare l'erba" che lei stessa ha dipinto. Controlla ancora una volta oltre i vetri che non vi sia nessuno, poi afferra il sacco che ha portato dal cimitero e scioglie il nodo della cordicella. Ne estrae un bigliettino su cui sta scritto "Arturo", poi prende una delle palette, infila i guanti e si inginocchia fra alcune vasche ancora da riempire.

«Mi auguro che ti troverai bene di nuovo fra di noi, Arturo. Ti è toccato il posto d'onore e la tua aiuola è bellissima. Starai proprio al centro della piazza, vicino alla fontana. C'era già quando eri in vita?» Gemma preleva dal vasetto di plastica uno dei tulipani e lo sistema nella vasca. Prende poi una punta di terra dal sacco portato dal cimitero e ci mischia una generosa dose di terriccio. «Sono mesi che sto lavorando a queste aiuole. Come ben saprai, quest'anno ricorre il trecentocinquantesimo di fondazione del paese. Vorrei tanto che sia il nostro borgo, finalmente, a vincere l'ambito premio di "Più bel paese del Lago Maggiore" e non ancora Arona o Verbania.

Il tubo dell'acqua sulla volta della serra emette un cigolio. La giardiniera, dopo essersi fermata per alzare lo sguardo, sorride e torna a compattare la terra con tocchi leggeri della paletta. «Devi sapere che sono una poetessa e domani, davanti a tutti, declamerò una poesia che ho scritto apposta per l'occasione. Vuoi sentirla?» Allunga una mano sul tavolaccio, raccoglie un foglio piegato e lo appoggia fra gli steli dei fiori. Si schiarisce la voce, strizza gli occhi per leggere la sua calligrafia svolazzante e inizia a declamare alcuni versi.

«Che di rose fiorito è il...» Gemma rimane con la paletta per aria. È già la seconda volta che intravede una figura muoversi oltre i vetri della serra, «fiorito è il cammino» termina, dopo aver sbirciato il foglietto. Si toglie uno dei guanti di stoffa e guarda l'ora: le 23:45. Si alza e, circospetta, si dirige all'entrata della serra dove rimane a scrutare l'oscurità. Apre la porta e una folata di vento la agguanta. Il vialetto è deserto, nemmeno la lampada deterrente si è accesa, ma

Gemma è certa di aver visto qualcuno in piedi fuori dalla serra. La stanchezza deve averle prosciugato le ultime energie mentali, con le dita sugli occhi lascia richiudere la porta e riprende il lavoro. Ha appena rimesso la punta della paletta nel vaso, che un tuono la fa sussultare.

Il mattino dopo la sveglia sul comodino strappa Gemma al sonno leggero in cui è sprofondata. Si alza dal letto più stanca della sera precedente e, con un gemito, contempla allo specchio le occhiaie. Quella notte il temporale si è intensificato. Aveva lasciato la finestra della camera aperta per essere certa di sentire se qualcuno si fosse introdotto nella serra, e così il vento ha imperversato nella stanza come in campeggio.

Trova Elio dietro casa che carica il trattore con cassette di mele e pomodori per venderli alla festa del paese. Accanto allo steccato c'è una cassa di ossa di pollo e di coniglio che alcuni allevatori gli hanno dato: da quando si è messo in testa di preparare da sé il fertilizzante, ogni settimana torna a casa con qualche sostanza nuova da provare su un fazzoletto di terra per provare a rendere le mele più gustose, le carote meno secche o l'insalata più resistente agli afidi. Gemma lo raggiunge e gli porge del caffè che ha appena fatto.

«Guarda chi c'è, Miss Simpatia,» dice lui sorseggiando dal thermos. Lei rimane interdetta, poi vede passare Verena, la vicina, oltre lo steccato. Elio la saluta con la mano, mentre tiene l'altra dietro la schiena con il dito medio alzato nella sua direzione.

«Quella donna non ha una bella energia,» borbotta Gemma. L'altra, con passo lento, ne approfitta per curiosare. Sofferma in particolare lo sguardo sulla cassa di ossa prima di proseguire la passeggiata.

«Scommetti che, adesso che ha visto la cassa, andrà in giro a dire che le nostre mele sono le più grosse del paese perché aggiungo alla terra ossa di bambini?»

Se solo Elio sapesse, pensa Gemma, che l'origine della loro fortuna è da ricercare altrove. Merito di un patto che ha stretto con il mondo dello spirito, e tutta una serie di rituali che ogni solstizio compie per propiziare i raccolti, se la loro terra è dieci volte più generosa di quella dei loro vicini. Altro che ossa tritate e fertilizzanti. Gemma accarezza una delle mele nelle cassette sul trattore. Oltre a essere grosse e dolci, il tocco evidente di una mano superiore è la forma unica che, inspiegabilmente, assumono i loro frutti: bitorzoli e depressioni sulla scorza fanno pensare a delle piccole teste, con guance, occhi e un rigonfiamento simile a un naso. Tanto da battezzarle con il nome della buonanima di suo padre: Bartolomeo.

Attorno ai due l'erba inizia a ticchettare e gocce d'acqua cadono qua e là.

«Incrociamo le dita che sia solo una nuvola passeggera.» Elio si affretta a caricare il trattore, poi copre le cassette con un telo perché non si bagnino. Gemma, invece, teme che la pioggia possa compromettere la riuscita della giornata.

Rientra in casa, ne riemerge poco dopo e si addentra nei campi. Prosegue a testa bassa sul sentiero spugnoso, lo sguardo sui solchi nel fango, i nuvoloni scuri che affollano il cielo e che riproducono i pensieri che le arrovellano la mente. Arrivata in uno spiazzo, simile a decine di altri presenti in tutta l'estensione della proprietà sua e di suo marito, Gemma si ferma proprio nel punto in cui i due sentieri si incrociano. Manca meno di mezz'ora all'arrivo dell'usciere comunale per aiutarla a trasportare le vasche dei fiori, eppure se ne sta lì ferma, affondata nel fango fino alle caviglie, a fissare un piccolo cumulo di pietre. Un altro tuono. S'inginocchia, ignorando il fango freddo che subito le impregna i pantaloni da lavoro. Sfila dalla tasca due boccette a cui toglie il tappo di madreperla: una contiene acqua di sorgente, l'altra vino del Salento. La prassi vorrebbe si usasse sangue mestruale, ma da qualche tempo Gemma non ne produce più e deve accontentarsi. Accanto a sé posa una piccola borsa rossa in cui è custodito del sale, ma le sue dita tentennano sui laccetti di cuoio.

Che sia una necessità discutibile far venire il bel tempo per un puro gesto di ego? Certo, tutto il paese beneficerà di una splendida giornata per celebrare il proprio trecentocinquantesimo anniversario. Per non parlare degli introiti derivati dall'incremento turistico se dovesse vincere il premio come più bel paese della regione del Lago Maggiore. Un altro tuono, stavolta più vicino. In fondo, si dice, il suo è un gesto altruistico. Ma se non venisse nessuna giuria per valutare la bellezza di Cartavecchio e il suo gesto venisse interpretato dal mondo dello spirito come un tentativo di chiedere più di quanto le sia concesso? Lei e suo marito potrebbero costruire l'agriturismo che sognano. Le piacerebbe tanto ricevere i turisti, mostrare loro le attrazioni della zona, preparare crostate con marmellata fatta in casa. Non può essere una richiesta dettata da un desiderio materiale. Stringe le fialette e chiude gli occhi, concentrandosi sul battito regolare del cuore su cui sente distendersi l'eterna mano amorevole della sua protettrice.

«Aradia, Aradia mia!» Inspira a fondo riempiendosi la gola dell'odore di pioggia. «Tu che sei figlia del peggiore, che governa l'inferno, che dal paradiso fu scacciato, e con una sorella ti ha generato...»

Una ventata le strapazza i vestiti e le scompiglia i capelli. Gemma sorride e accoglie quelle dita fredde come il segno della prossimità della Divina. «Aradia, ti chiedo di scacciare queste nuvole dal cielo e permettere al sole oggi di splendere. Se questa grazia non mi farai, desidero che tu non possa avere più pace. E che da lontano tu debba scomodarti, a me raccomandarti.» Con gesti misurati, pronta a cogliere ogni più piccolo segno attorno a sé, Gemma stappa le fialette e ne offre il contenuto alla terra. Poi si alza e, ripulito un poco il fango dai pantaloni, riprende il sentiero verso casa, accompagnata da un vento che si è messo a soffiare regolare.

Mentre costeggia uno dei canali pieni d'acqua nota qualcosa che galleggia. Le piogge della notte hanno riempito il fosso di detriti, cosicché è difficile distinguere ciò che sta appena poco sotto la superficie.

«Che brutta fine, poverino.» Un capretto affogato giace immobile sotto il pelo dell'acqua, impigliato ad alcune radici della riva, le zampette che dondolano seguendo il lieve moto della corrente. Un ribollire nell'acqua torbida fa presupporre che qualcuno stia banchettando con le interiora dell'animale. Scossa per quell'incontro imprevisto, Gemma riprende a camminare allungando il passo. Certo si tratta di un segno. Non prende mai quella strada per tornare a casa, oggi l'ha presa senza pensarci ed è perciò ovvio che doveva vedere quella scena raccapricciante. Spesso i segni non vanno interpretati in senso stretto. Forse i pesci che si stanno cibando dell'animale, simbolo del cerchio della vita, si possono interpretare come l'approvazione del suo progetto di integrare i defunti nella vita del paese attraverso i fiori delle aiuole. Ma se invece fosse un segno premonitore di una disgrazia?

Arriva a casa che battono le sette, il furgone dell'usciere comunale l'aspetta davanti al cancello. Ha appena il tempo di andare a cambiarsi e indossare il vestito preso apposta per l'occasione, che l'uomo e suo marito hanno terminato di caricare le vasche degli ultimi fiori. La giardiniera monta sul sedile del passeggero mentre Elio li segue in trattore, il rimorchio carico di cassette di frutta e verdura. Sfrecciando per le vie, in cui commercianti e bottegai cominciano a disporre le proprie mercanzie, Gemma osserva orgogliosa le sue colorate creazioni nelle piazzette e ai margini delle strade.

«Eh fai attenzione, cavolo!» sbraita all'usciere che, affrontata con troppa velocità la curva dell'incrocio con Via della Forca, ha sfiorato con le ruote un'aiuola di tulipani rossi. La via è chiamata così perché un tempo ci venivano impiccati i briganti e gli emarginati, così Gemma ha scelto dei fiori di quel colore per ricordare le tante vite innocenti spezzate in quel vicolo.

Arrivati nella piazza del municipio, apre la portiera prima ancora che l'usciere abbia fermato il furgone.

«Disponete quella vasca seguendo il bordo di cemento e lasciate uno spazio di dieci centimetri.» Gemma indica un punto con una cartelletta di cuoio che si è portata appresso.

«Sì, Duce,» sbuffa Elio mentre, insieme all'usciere, sistemano le vasche rossi in viso come i pomodori che fanno bella mostra sul rimorchio del trattore. Per darsi un tono, la donna sfoglia i disegni della piazza che ha estratto dalla cartelletta: in realtà sa esattamente come deve essere posizionato ogni singolo fiore della sua creazione. Alcuni turisti, richiamati dai preparativi, prendono a scattare foto alla spuma multicolore dei tulipani.

Alcune ore dopo nella piazza principale una folla vociante si assiepa attorno alle bancarelle. Da dietro la sua, Elio non fa in tempo a esporre una cassetta di ortaggi che subito questa si svuota in sacchetti e cestini di gente che passa. In particolare, le mele Bartolomeo vanno a ruba: per via del loro aspetto inusuale la gente le indica, chiede informazioni e se ne va sempre con almeno un paio in un sacchetto.

Sull'altro lato della piazza Gemma se ne sta scura in volto e a braccia incrociate. Vorrebbe compiacersi dei capannelli che si formano davanti alle sue aiuole: in molti scattano foto, qualcuno viene persino a chiedere consigli e a complimentarsi. Continua a ripensare ai pesci che ha visto cibarsi del capretto affogato. Persa a fissare uno dei tanti portici che racchiudono la piazza, una figura cattura la sua attenzione. Un individuo alto, magrissimo e vestito di nero se ne sta in un androne, prende appunti su un taccuino. Sebbene il volto sia in penombra, sente i suoi occhi posati su di lei. Forse è uno dei giudici del concorso, venuto a Cartavecchio per assistere alla fiera e farsi una buona opinione sul paese. A Gemma quelle membra sottili fanno ribrezzo, tanto da dover distogliere lo sguardo. Dopo un istante torna a guardare l'androne, ma la figura è scomparsa.

Davanti al portone del municipio è stato installato un palchetto con un podio per i discorsi ufficiali, sul quale prende posto il sindaco. Con un fischio del microfono che fa trasalire la piazza intera, invita tutti ad avvicinarsi. Saluta le autorità, tutte le concittadine e i concittadini presenti, per poi lanciarsi in un'allocuzione che parte da un aneddoto sulle strade dell'antica Roma e che termina dieci minuti dopo. Mentre i pochi, incerti applausi si spengono, il sindaco fa un gesto in direzione dei fiori che adornano la scalinata del municipio.

«È giunto il momento di dare la parola a una preziosa collaboratrice dal pollice verde, l'artefice di questa magia multicolore che ci circonda.»

Gemma sobbalza in platea. Infila una mano nel vestito alla ricerca del foglietto con la poesia e subito si sente più tranquilla mentre raggiunge il podio fra gli applausi. Schiarisce la gola e comincia a declamare i versi, dapprima con voce incerta. I suoi occhi tornano di continuo all'androne in cui stava la figura vestita di nero. Qualcuno nella piazza tossicchia, alcune persone controllano il cellulare. Prende coraggio e, trasportata dall'impeto della declamazione, la voce comincia a rimbombare nella piazza. La gente si dà di gomito, avvicinando le teste e bisbigliando con una mano sulle labbra. Durante una breve pausa per riprendere fiato si alza un mormorio.

«Che ha detto?» chiede qualcuno. «Ha usato la terra del cimitero, ho inteso bene?»

Giunta agli ultimi versi, la poetessa declama in crescendo poi, dopo una pausa di sospensione, conclude con l'ultima frase. La piazza esplode in applausi, sebbene qua e là diverse persone parlottino.

«Bene, brava!» tuona la voce del sindaco che ha ripreso il microfono e lo tiene troppo vicino alla bocca, «è venuto il momento di...»

«Cosa vuol dire che c'è un pizzico dei nostri defunti insieme a noi?» chiede una donna.

«La poetessa parlava in senso metaforico,» il sindaco implora Gemma con gli occhi, che gli strappa di mano il microfono.

«No, no. Intendevo proprio dire che ho preso un pizzico della terra di alcune tombe e l'ho usata per le aiuole che adornano oggi il nostro amato paese. Si tratta di un gesto simbolico per riallacciare il legame con i nostri cari defunti, di cui ho trascritto i nomi sui bigliettini che potete vedere in mezzo ai fiori.» A quelle parole il mormorio della folla, che fino ad allora era stato come il ronzio di un alveare, cresce fino a diventare un rombo.

«Ma in tutte le aiuole o solo queste?»

«Mi pareva che quei fiori avessero un odore strano.»

«Ha detto che ha fatto le aiuole con la terra del cimitero.»

«Ma è una vergogna, che schifo!» Sul palco arrivano frammenti di ciò che passa da una bocca all'altra.

«Guarda un po' questa mela, non ti sembra la buonanima del Renzo?» Alcuni pensionati in disparte, già alticci nonostante l'ora, si danno di gomito osservando una delle mele acquistate alla bancarella di Elio.

«C'era un capretto morto nel riale che costeggia il loro campo,» dice Verena a un'amica, «secondo me ha bevuto qualche sostanza che fuoriesce dai loro terreni e si scioglie nell'acqua. Pensa che avevano in giardino una cassa piena di ossa. Di ossa!»

Due donne poco distanti commentano il sacchetto di mele appena comprate. «Le darò ai maiali, io di sicuro non le mangio. Guarda che forma inquietante che hanno. E pensare che le trovavo simpatiche.»

«Oddio, e gli ha pure dato un nome come ha fatto con le aiuole.»

Un padre strappa la mela dalle mani del figlio e la sbatte sulla bancarella di Elio. «Ci hai fatto mangiare i nostri morti. Io ti ammazzo!» Per il trambusto, un pomodoro si apre e uno sciame di ragnetti verdi fuoriesce dallo squarcio. Qualcuno entra nelle aiuole e prende a calci i tulipani.

La gente si assiepa vociante sotto al palco. L'usciere sbuca dalla porta della casa comunale e trascina dentro

Gemma e il sindaco proprio mentre il podio viene ribaltato.

Fra le bancarelle, Elio si trova con le spalle contro il muro. Rovescia le cassette con gli ultimi ortaggi addosso agli scalmanati e si eclissa nella via laterale dove è parcheggiato il trattore. Lo mette in moto. Come cani che vedono fuggire una lepre, alcuni uomini si mettono al suo inseguimento. Il fuggiasco spinge al massimo il motore, irrompe nella strada principale travolgendo biciclette e cassonetti, il rimorchio che ballonzola ora su una ruota, ora sull'altra. Raggiunto l'incrocio con il Vicolo della Forca Elio imbocca a tutto gas la curva. Vede all'ultimo istante le vasche di fiori di Gemma e sterza bruscamente. Riesce a evitarli, ma il rimorchio sbanda e si schianta contro un paracarro. Il contraccolpo fa inclinare su due ruote il trattore. Per salvarsi, il contadino si lancia fuori dalla cabina. Cade sull'asfalto, il trattore gli si rovescia sopra e lo schiaccia con un tremendo rumore di ossa tritate.

La folla di inseguitori si ferma a fissare costernata il raccapricciante spettacolo: una pozza di sangue lambisce l'aiuola di tulipani, rossi come se se ne fossero abbeverati. Nessuno nota la figura che, nell'ombra di un

androne, chiude il taccuino e lo ripone nella tasca della
giacca.

CAPITOLO 10

LU MALUCCHIE

"Tremate che le streghe son tornate Fuman marija ed erbe prelibate." Bambole di pezza, Le Streghe

Gli artigli della notte si allungano su Colleparco. Hanno atteso che il sole si suicidasse dietro la linea dell'orizzonte per agguantare i colli aranciati dall'estate e i palazzi ammorbati da trent'anni di smog ed esistenze conniventi. Hanno aspettato a lungo il crepuscolo per soffocarli in una morsa di tenebre.

In tutto quel buio c'è una luce, i bagliori elettrici di un lampione che oppongono una tremula resistenza alle infinite sfumature di nero.

E mani, mani strane.

Lamine sottili che percorrono palmi e dorsi in una fitta trama di rombi pennellati di grigio e verde giada. Del tutto simili a squame di rettile.

Ora queste mani trascinano un uomo sotto il cono di luce, allo stesso modo di una vacca da scannare al mattatoio.

Eppure la bestia non strepita in un ultimo, disperato rantolo di agonia. No. Gli occhi sono mele marce coperte da una patina violacea, il battito un ronzio nel petto e il volto contratto in una smorfia da cui non scappa un decibel.

La bocca è una voragine. Ma muta.

A pochi passi dal lampione, posizionato sul ciglio della curva, il motore di una Range Rover borbotta nell'oscurità. Lo sportello è aperto.

Le mani di vipera scaricano il corpo sul sedile, gettandolo come un giocattolo rotto. Poi sollevano la tanica da dieci litri e gli svuotano addosso il contenuto fino all'ultima goccia.

Appena la scintilla scocca dalla pietra focaia, le fiamme inondano l'abitacolo. Strappano la pelle mulatta, brano dopo brano. Sciolgono grasso, muscoli, nervi. Snudano le ossa.

Spesse volute di fumo si alzano dal finestrino e spargono nell'aria il fetore dolciastro di carne umana flambé.

Solo allora parte un applauso. Prima con lentezza, poi lo scroscio cresce d'intensità e foga, sovrastando il ruggito del fuoco, in un'ovazione alla morte.

«Che cazzo fai, compa'!» urla Matteo Camplone all'indirizzo dell'amico, raddrizzandogli il volante.

Come svegliatosi da un incubo, Antonio Cicconi sterza di colpo e si rimette in carreggiata accompagnato da un concerto di clacson.

«Santa merda» sussulta, soffocando una bestemmia. Incrocia lo sguardo di Matteo, gli occhi ancora spiritati, e si sposta i capelli incollati dalla fronte.

«Oh, tutto a posto?» chiede l'altro sotto la cascata di ricci, stringendo la bottiglia di Black Crow come un crocifisso.

«Scine, tutto a posto» risponde Antonio con la voce incrinata da un tremolio.

Poi dà gas.

La Volkswagen T2 procede spedita sull'A24 in direzione L'Aquila con in sottofondo Pet Sematary che gracchia dall'autoradio.

Paterno e risolutore, Matteo lo imbocca facendogli scorrere il whisky a buon mercato nella gola. Il liquido scuro investe la barba crespa, cola sulla maglietta dei Ramones e sul chiodo, l'inossidabile armatura cucita addosso come una seconda pelle.

La stessa divisa del passeggero, su cui sono appena scivolati dei granelli di erba buona. «Toh, fuma» gli fa Matteo dopo il primo, sacrosanto tiro dell'arricciatore, passando la canna in uno sbuffo bianchiccio.

«No, compa', lo sai che ho smesso. Bevo e basta» ribatte Antonio.

C'è una nota di astio nella risposta.

Matteo aggrotta la fronte in pieno cortocircuito. Quando realizza il motivo del rifiuto, alza gli occhi al tettuccio e sbotta: «Oh, e falla finita. Ancora con 'sta storia? Non mi voglio rovinare il concerto per le tue paranoie.»

«Non dormo la notte, lo vuoi capire?»

Un silenzio pesante, più denso della cappa di erba che ora appanna del tutto i vetri, cala nel pulmino appena illuminato dai riflessi malati di una luna rossa.

Antonio fissa le iridi nocciola scuro dell'amico per un secondo interminabile, scavandogli dentro, nel tentativo di riesumare almeno un grammo di empatia da quell'ammasso di borchie, abiti neri e carne anestetizzata da alcol e THC seduto al suo fianco. «La testa, compa', mi fa un male di Cristo. Tutta colpa di quella strega del cazzo.»

Le steccate del karaoke cessano con l'ultima affermazione.

Antonio ripercorre nella mente la notte del primo incontro con Laura Di Biaggio, insegnante di danza moderna e insospettabile spacciatrice. La strega del cazzo. Sua, una piccola fortuna costruita intorno alla metanfetamina e all'erba tagliata con gli alcaloidi, ribattezzata dagli spagnoli in Erasmus yerba del diablo a causa dei suoi effetti allucinogeni.

Paradosso dei paradossi, era stato Antonio a invitarla a ballare sul tavolino di un bar durante una serata fin troppo alcolica, folgorato dal suo visino d'alabastro spruzzato di lentiggini. E dal suo sguardo da cerbiatta in pieno contrasto con le labbra turgide, esaltate da una punta di rosso porpora e un tocco di botox. Nulla di serio, si era detto, poi la convivenza di tre anni nell'appartamento universitario di lui.

E una gravidanza, grazie al cielo stroncata con l'aborto.

Un nido d'amore presto mutato nella mecca dei tossici in provincia con Matteo in prima linea. Dalle ronde dei caramba sotto casa al processo per detenzione e spaccio è stato un attimo.

«A Teramo gli infami fanno una brutta fine!» aveva strillato Laura contro il duo, trattenuta dalle guardie giudiziarie del tribunale in via Cesare Beccaria.

Ancora impressa nei ricordi, una sequenza fatta di pupille accese da un luccichio sanguinario e mascara colato sulle occhiaie, insieme a un sorriso sghembo, ferino. Di una bestia pronta a far scattare una tagliola di denti aguzzi contro i traditori. Una infamata, come si dice a Teramo, che da un anno affonda come un pugnale nel subconscio di Antonio agitandogli il sonno con incubi di omicidi occulti, fatti strani e fin troppo verosimili. Reali.

Matteo sbotta in una risata con il mozzicone di spinello tra i denti.

«Sei pesante, compa'. La tua ex è un attimino a Castrogno. Mi spieghi come farebbe a uscire? Si smaterializza dalle sbarre? Vola su una scopa?»

«Ridi, ridi, compa'. Sai che si dice sulla dolce Laura, sì? La storia dello spaccino di Colleparco... Intanto sono andato da nonna a farmi togliere lu malucchie.»

E Antonio era andato davvero dalla nonna a rimuovere il presunto malocchio. La sera prima di partire per il concerto la vecchia Adele gli aveva passato l'ammidia, disegnandogli delle piccole croci invisibili sulla fronte mentre recitava tra sé e sé un trittico di preghiere imperscrutabili.

«'Na femmina, senza dubbi» gli aveva rivelato scura in volto, osservando l'olio addensarsi nel piattino colmo d'acqua, per poi gettarla lontano dal nipote. «Stattene a la casa» aveva concluso, scoccandogli un bacio sulla fronte.

Ma Antonio non poteva starsene a casa. Aveva organizzato da mesi quel viaggio con Matteo. E poi, niente di meglio di un bel concerto per staccare la spina da tutta quella merda, no? Sarebbe venuta anche Laura se non l'avessero fermata con dieci chili di erba nel portabagagli.

«Compa', ti rendi conto che oltre al gabbio hai rischiato di fare un figlio con quella fulminata?» Matteo rompe il silenzio infestato dagli spettri del passato riportandolo sulla terra. «Fai ciao ciao a Laura e al suo bel culo. Ti sei salvato, fidati» aggiunge, con una tonante pacca sulla spalla.

Antonio strappa via il whisky dell'amico, ne butta giù un sorso e conferma con un sorriso amaro. «Scine, meglio così.»

Il pulmino sfreccia nell'inferno di camper e moto parcheggiati in mezzo ai salici e ai faggi che costeggiano il lago. Nell'aria si propaga il suono ovattato di un assolo di chitarra, scacciando via il silenzio che fino a un attimo prima si aggirava nella valle come un vagabondo. E poi il riverbero dei riflettori bluastri sul palco in lontananza, l'odore di pecora alla brace che si infila a tradimento nelle narici. Il conducente avverte una scarica di energia primordiale attraversargli le membra: spara Blitzkrieg Bop a volume impossibile dagli altoparlanti mentre le gomme abbandonano la statale 477 per lo sterrato.

Un'inchiodata teatrale sullo spiazzo che proietta Matteo sul

cruscotto – senza che questi molli la presa sulla vodka vergine – annuncia l'arrivo dei compari a Campotosto.

Antonio scende dal T2 togliendosi la maglietta, il peso del chiodo gli affossa le spalle e preme sull'epidermide nuda. Pelle su pelle. Il banchetto ideale per un nugolo di zanzare che prontamente scaccia con lo Zippo, senza successo.

Una vibrazione nella tasca lo distoglie però dagli intenti omicidi.

«Oggi avrebbe avuto un anno e mezzo» mormora qualcuno dall'altra parte del cellulare. «Nostro figlio. Nostro figlio ti aspetta.»

Chi sei? Che scherzo di me... Laura? riflette. No, non è una donna. È una voce diversa. Sono... tante. Decine di tonalità che si alternano in un gorgoglio appena percettibile. Come lamenti affiorati da una realtà distante, sotterranea, un pozzo profondo chissà quanti metri nel terreno. Qualcosa di oscuro e innaturale, al punto da macchiargli il cavallo dei pantaloni di piscio.

Il quinto membro onorario dei Ramones rimane piantato con il telefono all'orecchio, mentre una lumaca di ghiaccio gli risale la schiena.

«Nonni', mi senti?» riprende la voce. «Mbapi', ma mi riconosci?

Pronto? Pronto?»

«Oh, nonna, sei tu. Scine, scusami, qua c'è il delirio e non si capisce nulla. Grazie per gli auguri, salutami casa. Tante care cose.» Antonio riattacca senza possibilità di replica, guardando il cellulare neanche avesse tra le dita un manufatto alieno.

Apre lo sportello centrale e strappa la linguetta della prima Finkbräu utile, e si consola alla vista di una cassa immacolata.

«Oh, siamo senza fumo. Tocca svoltare. Adesso non ricominciare col solito pippone, pe' piacir» lo avvisa Matteo emergendo dalla boscaglia. Un rosario di imprecazioni ne accompagna la risalita della scarpata, la mano ferita all'altezza del pollice che bagna la terra di Campotosto in lenti e inesorabili plick.

«Datti una mossa. Tra poco suonano le Bambole» lo ammonisce l'altro già alla seconda lattina. «E non fare cazzate.»

Matteo si disperde nella folla di capelloni e redskin ammassata davanti al palco, frugando tra le tasche, impegnato in una ricerca ostinata, finché con un ghigno ironico non estrae il coltello a serramanico e lo sventola all'indirizzo del compare. La luce della luna

accende di riflessi argentei i dieci centimetri di acciaio. «Ho chi mi protegge, papà. Tranquillo.»

Tranquillo, ripete tra sé e sé Antonio. Strappa un'altra linguetta.

«Dove sta quel salame?» Antonio scende dal pianoro menando colpi sulla gamba, a ritmo con il rullio della batteria che ora mitraglia dal palco.

Con un sospiro di sollievo abbassa la zip e scarica la vescica gonfia di birra. Tutt'intorno il bosco vortica in una spirale di rami e chiome, luci e ombre randagie che si rincorrono in una danza se possibile più ubriaca di lui.

Un vibrare allegro, come l'eco di una risata, si leva all'improvviso nella notte. Proprio lì, oltre le fronde dei salici

compatte in una muraglia nera e impenetrabile. E ancora striscia sulle sponde, stavolta più vicino, ai piedi della
corteccia che sta annaffiando. Non c'è neppure un filo di
vento a incresparne la superficie, eppure per un istante
il lago sembra muoversi animato da volontà propria.
Pronto a riversare un'onda che monta nelle tenebre e
tutto fagocita, soffoca. E ride.

«Gesù santissimo.» Antonio afferra l'alluminio e butta
giù un bel sorso schiumoso. Tastandosi i testicoli con
la mano libera, fa dietro front e inizia la dolorosa sca-
lata del pendio, quando uno scricchiolio lo costringe a
voltarsi.

La zazzera di ricci sbuca dietro un tronco a qualche
metro di distanza con la forza di una apparizione. La
silhouette nera che agita la mano nel gesto delle corna
fa poi cenno di raggiungerlo.

Antonio tracanna l'ultimo rimasuglio e si avvicina
maledicendosi. Tiene le palpebre socchiuse a feritoia
per cercare di vincere i sensi annebbiati, mettere a fuoco la sagoma. Quando ci riesce, le spalanca. È... nudo?

Dal torso grassoccio e umidiccio, Matteo allunga una
mano sulla testa di una tizia inginocchiata su un tap-

peto di basse sterpaglie. Le stringe i capelli corti e sottili, all'interno di un cerchio perfetto di pietre d'ossidiana che risplendono alla luna emettendo un bagliore metallico, spettrale, un lucore simile a un fuoco fatuo. Ovunque aleggia un odore di terra bagnata ed erba. La yerba del diablo?

Stavolta Antonio deglutisce a vuoto, solo saliva e nient'altro. Lo sguardo ondeggia sui capezzoli della ragazza ritti come baionette spianate. Una anticaglia da museo, una sorta di diadema punteggiato di rubini, le fascia la fronte. L'unico ornamento di un corpo completamente nudo che adesso riconosce. Eccome, se lo riconosce. La osserva impietrito, scandagliando ogni millimetro di pelle, pervaso da un misto di eccitazione e incredulità. Laura? Cristo, non è possibile.

Matteo geme, mentre le sprofonda il volto all'altezza dell'inguine. Urla di piacere, accompagnando il movimento ritmico della testa, avanti e indietro, indietro e avanti in un gloglottio ipnotico.

La ragazza stacca la bocca dal membro di Matteo mentre la mano esperta continua a lavorarglielo. Appena incontra lo sguardo dell'ex, dalle labbra si schiude un sorriso luminoso: "Vieni".

E il ragazzo avverte un'ondata di calore risalire dal basso ventre e propagarsi in tutto il corpo. Asseconda l'erezione, mai così violenta in ventitré anni, osservandosi entrare nel cerchio di pietre svuotato di ogni capacità di raziocinio, ridotto a spettatore inerme di un viaggio astrale.

Laura fa scivolare la mano libera sulla patta dei jeans e in un attimo gli impugna l'uccello. «Auguri, amore» bisbiglia in una risatina di melassa, per poi lappargli la punta umida.

Lecca con avidità, prima uno e poi l'altro. Succhia fino alla radice, la lingua che accoglie l'asta di carne in un antro bavoso. Aspira tutto e riparte, su e giù, serrando le mandibole in una morsa via via più stretta, attenta a prosciugare fino all'ultima goccia di umori. Mai sazia, come a volergli strappare anche l'anima dal corpo.

Antonio si stacca d'istinto dalla bocca arpionata al glande, sfilando con forza il cazzo incastrato tra i denti. E guarda giù, nella pozza scura che si allarga dal basso addome.

Rinsavisce dalla sbornia all'istante.

In quel momento la maschera umana di Laura cede sotto un ghigno crudele. Le pupille trasmutano in tagli ellittici da rettile su sclere di un ocra pallido. Il naso crolla dal setto svelando due fori verticali scavati nella cartilagine. Sopra il diadema si agita qualcosa di

vivo, una chioma di vipere le cui spire si allungano in capelli e fluttuano sulle spalle con sinistra naturalezza.

Angizia? È l'interrogativo che affolla i pensieri di Antonio. No, non poteva crederci. O forse non voleva. La vecchia Adele gli aveva raccontato allo sfinimento la leggenda della strega del lago, custode di erbe e saperi proibiti, la dea serpente. La maga che aveva protetto il popolo dei Marsi, ma non era riuscita a salvarne il condottiero nella guerra contro Roma. Perduto il suo amore, era impazzita. E il suo nome condannato a fonte di disgrazie.

Niente più che stronzate del folklore. Storielle buone per spaventare i mocciosi e rinfocolare la fede dei contadini attorno al terrore delle streghe, si era convinto. Eppure il culto di Angizia è sopravvissuto ai secoli in altri modi, forme, quando i conterranei abruzzesi la rievocano con riti oscuri, coronando di serpi le teste dei santi in processione.

Il primo maggio, stanotte.

Quell'oro antico continua a fissarlo. La lingua si sfalda, si biforca e saggia ogni minima vibrazione in una cacofonia di sibili.

Con un gesto materno, la creatura che era la sua ex passa la mano ricoperta di squame sul volto di Matteo. Ne sputa il glande sulle mani chiuse a coppa tra i rivoli di sperma e umori scuri che hanno raggiunto il pube. «Mater Angitia» inizia a salmodiare, le braccia al cielo, una nenia che è un fruscio di serpi.

Antonio scatta verso il compare. Lo scuote, inorridendo alla vista delle palpebre gonfie simili a patate dolci andate a male. Gli molla un pugno, ma niente. Nessuna reazione. Eppure ne è certo: una scintilla di coscienza brilla ancora in quell'involucro vuoto. Nonostante il pallore cadaverico, le gambe in preda a spasmi. E il sangue, che ruscella senza sosta dal moncherino di pene.

Un passo falso sulle pietre sbilancia Antonio e lo proietta a terra. Gattona all'indietro, cacciando un urlo che riempie la valle immersa nel buio del manto notturno. La mano invisibile di un dio ha appena spento la musica e sprofondato Campotosto nel nulla cosmico.

Poi la cantilena occulta riparte. Ora la vipera antropo-morfa si erge in piedi staccandolo di mezzo metro. Lo osserva silenziosa dall'alto in basso con la maestosa cupezza di una statua greca. Poi, con calma glaciale, raccoglie il fagotto di carne e lo posiziona sotto il palato a

mo' di ostia. Il profilo della vestale è un tutt'uno con le ombre affilate del bosco, le pupille di vipera che contin-uano a scintillare in un mare di petrolio.

Antonio avverte i quadricipiti indurirsi come piloni di cemento nell'istante in cui il rivale si avvicina ciondolan-do, brandendo la vodka. I movimenti robotici di una marionetta. Lo sguardo comatoso appena intuibile dalle palpebre tumefatte.

«A Teramo gli infami fanno una brutta fine» dice Matteo con un timbro di plastica, sputando parole che non hanno più nulla di umano.

Nello spazio di un paio di secondi la ragione si spinge oltre il baratro che la separa dalla follia.

La scia di una meteora precipitata nell'atmosfera an-nuncia lo schianto.

La bottiglia che compie un arco e cala sulla testa di Antonio. Il fragore del vetro infranto.

La punta di una scheggia che lacera la cornea. Spacca il bulbo aprendolo come un uovo fresco.

La realtà strappata in due metà. Una nera.

La mente che pian piano si svuota lasciando spazio all'unico mantra possibile.

Uccidi!

Antonio annaspa schiacciato a terra dal peso del carnefice, le vene delle tempie pulsano come vermi obesi, mentre Matteo gli stringe le mani attorno al collo. Lì, nella tasca del chiodo gettato a terra, si affaccia la testa triangolare del coltello. L'unica salvezza. Piange, mentre sfila la lama a scatto e la pianta nel fianco dell'amico una volta, due, tre. Finché un polmone non collassa del tutto rilasciando un fischio molle.

«Sei tu l'infame! Tu l'amico delle guardie. E per cosa l'avresti fatto? Pensi di averci salvato? Hai rovinato tutto. Io l'amavo, cazzo. L'amavo...» Le parole tracimano dalla bocca di Antonio come un fiume di magma, senza che ne abbia il controllo, mentre i palmi tremano con l'arma scarlatta tra le dita.

Gli intestini ancora caldi del compare si svuotano in una flatulenza solida. Un brodo di merda e sangue.

Lentamente, il miasma si unisce alle risate-sibili che sfumano nella notte oltre le cime dei salici. Svaniscono, restituendo il palco ai ronzii

e ai riff di chitarra che ripartono come per effetto di uno stop forzato.

Antonio alza l'occhio sano all'universo riacceso da stelle diafane e che continua indifferente il proprio viaggio celeste. Sfiora la scaglia di vetro conficcata nell'organo in poltiglia e da cui continua a zampillare un fiotto caldo. Nostro figlio. Nostro figlio ti aspetta, ripete nella mente ridotta a un disco rotto.

La voce vorrebbe deflagrare, esplodere in una supplica a un dio che riavvolga indietro il tempo ed esaurirsi in una risata liberatoria, al punto da incenerire le corde vocali.

Ma esce muta dalla gola.

Evade senza fare rumore dalla sua prigione di carne. Striscia, insieme alle altre decine, forse centinaia di urla silenziose, per unirsi al coro di anime. Seguire il richiamo della dea.

Sprofonda giù, inabissandosi nelle profondità del lago. E ancora più in basso, per centinaia di chilometri sotto terra, infilandosi in un dedalo di cunicoli nelle viscere del Monte Penna.

Là, dove echeggiano le preghiere immutate da secoli alla strega dei Marsi.

E l'eterno ripetersi di un frignare sommesso, continuo. Il pianto di un bambino mai nato.

CAPITOLO 11

UN INCUBO CREATO DALLA MIA FANTASIA

Non sono mai stata la dolce bambolina bionda e con gli occhi azzurri che speravano, solo un rospetto storto, con i capelli neri e gli occhi color cacca.

L'amorevole descrizione è del mio odiato fratello Marco.

Ero un nodo di dolore e fastidio a tutti gli effetti e, fin da piccola, mi sono resa conto, anche senza bisogno della magia, di essere un peso per tutti: fratello, nonni, zii e, soprattutto, genitori.

Senza farvi una lezione sulla mia malattia, che porterebbe i vostri occhioni dolci a preferire le istruzioni del dentifricio, vi basti sapere che ho avuto la fortuna, come diceva quel porco del parroco quando facevo il catechismo, di nascere con una croce che mi avrebbe reso più gradita a Gesù: una paralisi cerebrale infantile che ha fatto di me una storpia dalla più tenera età. A questa si aggiunse, fra i quattordici e i quindici anni, una patologia neurologica in grado di costringermi sulla sedia a rotelle prima dei venti e, poco dopo, in un letto accudita ventiquattr'ore al giorno.

Ora ho diciotto anni, tanta voglia di combattere e di prendermi tutto quello che voglio.

La mia speranza di salvezza si è presentata quasi un anno fa nella persona di Anna, una fisioterapista di quarant'anni che mi ha accudito per sei mesi e che, prima di andarsene, mi ha insegnato come preparare, e usare, i bambolotti per la lettura del pensiero.

Era alta e biondissima.

Il giorno della mia iniziazione, in un cupo pomeriggio d'inverno, eravamo sole in casa. Io sdraiata sul tappetino di fronte al divano e Anna, di fianco a me, che mi faceva fare esercizi per le gambe.

Nei mesi in cui è stata con me mi ha raccontato quasi tutta la sua vita: l'infanzia in Bielorussia quando c'era ancora il comunismo, la vita nel piccolo paese di collina, le estati in campagna con la nonna,

gli studi e il suo matrimonio combinato che l'aveva portata a scappare in Italia. Tutto ben narrato, ricamato e con punti divertenti che mi facevano ridere anche quando raccontava dei momenti più tragici.

Quel pomeriggio, però, decise di cambiare registro.

«Piccola Michela tu sei infelice e mi stai simpatica. Se mi prometti di mantenere un segreto, e non dire nulla ai tuoi genitori, oggi ti racconterò una cosa particolare e te ne insegnerò un'altra che, se sarai portata e t'impegnerai tanto, potrà tornarti molto utile. Mi giuri che quello che ti dirò resterà tra noi?» mi chiese senza smettere di torturarmi la gamba sinistra.

«Se ci sono delle persone a cui puoi star certa che non racconterò nulla, non solo quello che mi dirai, sono quei due» risposi corrosiva quanto dell'acido fluoridrico in azione su un cadavere.

Mi fissò seria e mi disse: «Mia nonna Verusca, la madre di mio padre, con la quale passavo l'estate da piccola, era una strega...»

«Ma non dire scemenze» la interruppi tossendo una risata infastidita e pensando mi volesse prendere in giro. Ho sempre avuto un carattere infiammabile e rispondevo male a tutti coloro che mi davano l'impressione di prendersi gioco di me. In quel momento pensai che Anna era un'altra stronza che voleva divertirsi alle spalle della piccola storpia.

«Non ti prendo in giro e posso dimostrartelo subito. Così non penserai male di me» disse poggiando in terra la mia gamba e andando verso il divano per prendere qualcosa dalla sua borsa di tela nera.

La guardai attenta, sperando non fosse una pazzoide pronta a uccidermi per liberarmi dalle mie sofferenze. Vedevo già i titoli dei giornali:

Fisioterapista si trasforma in angelo della morte: uccide una diciassettenne disabile e la fa volare in cielo!

Roma - Orrore all'EUR: ragazza disabile fatta a pezzi con un machete. Piccoli resti trovati nel ragù e negli hamburger fatti mangiare agli ignari parenti.

E poi, il mio preferito, il titolo razzista: Extracomunitaria folle uccide giovane angelo italiano: aiutiamoli a uccidere a casa loro.

La vidi tornare indietro con una bambola di pezza dai capelli neri. Inquietante nella sua semplicità e da brividi con i finti capelli neri di

lana intrecciati a quelli che sembravano capelli veri.

Odorava di vestiti vecchi e incenso.

«Questa l'ho fatta per te» mi disse porgendomi quel giocattolo osceno. «È una bambola in stile voodoo, giusto per capirci, ma non per fare male fisico alle persone. Si usa per leggere nella loro mente e, se si è capaci, anche per entrarci. Mia nonna diceva che persone molto dotate possono arrivare a controllare le persone.

«Io non sono tanto brava e mi sono sempre limitata a leggere i pensieri più superficiali... è molto utile se giochi a carte con una persona per la quale ne hai creato una» sorrise sulla frase finale come se avesse detto chissà quale furbata. Gli occhi erano quelli di una monella.

«I capelli veri sono quelli di tua madre, li ho presi dalla spazzola in bagno. Ora ti spiego tutto...»

Anna aveva visto qualcosa in me e voleva aiutarmi iniziandomi, per quel che poteva, alle arti magiche della sua terra e della sua nonna. Io già quella sera intuii di essere molto dotata per quel genere di magia.

Quando mia madre rincasò presi le mie stampelle e mi ritirai in camera. Nulla di strano, la vista reciproca ci irritava.

Una volta lì mi sdraiai, chiusi gli occhi e iniziai ad accarezzare la testa della bambola mentre recitavo le formule appena imparate.

Immersa nel deodorante alla lavanda della mia camera, che però non riusciva ad abbattere del tutto quello delle creme e delle pomate che dovevo usare, mormorai quelle preghiere pagane senza aprire la bocca e concentrandomi sulla sensazione tattile dei capelli veri misti a quelli finti del simulacro.

Di colpo mi ritrovai dentro la testa di mia madre.

Per fortuna è salita in camera dopo una giornata di lavoro l'ultima cosa di cui avevo voglia è avere quel fagotto che non sarà mai considerata una donna qui in mezzo ai piedi con i problemi che ha solo con la morte ci libereremo di lei oggi in ufficio Andrea è stato carino dopo il litigio di venerdì scorso pensavo ci saremo allontanati invece eccoci nel suo studio mentre gli altri sono a pranzo...

Il flusso di coscienza mi stava inebriando, era come fare il bagno nel suo io più profondo. Poi, di colpo, passai a immagini e sensazioni

e "diventai lei" senza esserlo del tutto. Ero protagonista e spettatore insieme.

Mia madre è distesa, seminuda, su una scrivania in vetro e un uomo sulla cinquantina, in forma e con capelli e barbetta brizzolati la sta scopando con un ritmo che cresce di secondo in secondo. Lo sento come se fosse dentro di me. Lui tiene in bocca le sue mutandine assaporandone il lato interno, mentre lei si morde il labbro per non urlare. A un tratto il calore nel suo corpo aumenta e lei ha un orgasmo che diventa anche il mio. Lui è compiaciuto e il suo viso ha un'espressione da predatore che trovo fastidiosa e cattiva.

Lui decide di uscire, sputa le mutandine sulla scrivania e le afferra la testa. Lei non oppone resistenza e inizia a succhiarglielo. Sento il sapore dolciastro delle secrezioni di mia madre misto a quello del suo pene. Glielo infila talmente tanto in profondità che lei...

... e io "nella realtà"...

... iniziamo a sbavare.

Al culmine lui ci ordina di ingoiare tutto perché non dobbiamo lasciare tracce in giro e, un paio di secondi dopo, viene e sentiamo il liquido caldo in bocca e nella gola...

Scioccata lanciai via la bambola. Ero sudata e completamente bagnata. Avevo intuito che mia madre e mio padre erano una di quelle coppie di facciata dove ognuno si sentiva libero di fare quel che voleva, ma un conto è pensarlo e un altro è vedere, e sentire, uno dei due "all'opera".

Il fatto di aver vissuto un orgasmo di mia madre come se fossi stata lei mi schifava ma, allo stesso tempo, avevo bisogno di qualcos'altro. Allungai la mia mano destra dentro i miei slip e mi concessi l'unico tipo di sesso che una ragazza storpia e bruttina si poteva permettere. Una volta finito, come in trance, mi alzai e andai in bagno. Feci una doccia, mi asciugai e tornai in camera riflettendo su mia madre, sul suo amante dalla faccia da stronzo e su come sfruttare in futuro questa nuova opportunità della lettura del pensiero... solo mentre mi stavo vestendo le mie gambe iniziarono a cedere e mi resi conto che, per arrivare in bagno e tornare in camera, non avevo usato le

stampelle e avevo camminato quasi normalmente.

Il giorno dopo durante la fisioterapia cercai di parlare del mio esperimento con Anna.

«Tu sapevi cosa sarebbe potuto succedere, oltre al fatto che avrei letto la mente di mia madre?» le chiesi.

Lei mi fissò un po' allarmata e poi sussurrò: «Io con quella magia riesco solo a leggere in maniera superficiale le menti... in questi mesi avevo intuito che tu questa dote un po' già l'avevi ed era solo da coltivare. Dimmi, cosa ti è successo?»

Mentre, in maniera meccanica proseguivamo la mia seduta, e riflettevo sulle mie presunte doti innate da lettrice del pensiero, le raccontai, senza eccedere nei dettagli, della scopata in ufficio di mia madre e di come, senza accorgermene, mi ero mossa e avevo fatto la doccia, senza l'ausilio delle stampelle e dei maniglioni.

Lei alla fine ammise che quando usava la magia si sentiva meglio, più energica e più pimpante, ma che quello che le stavo raccontando aveva dell'incredibile. Mi aveva insegnato quell'arte nella speranza stessi meglio e mi divertissi, non si aspettava nulla di così eclatante e non in tempi così brevi.

Viste le premesse si offrì di portarmi altre bambole con capelli di persone diverse. Avrei spiato ancora mia madre, volevo informazioni sulla sua storia al lavoro per poterla ricattare, ma dissi ad Anna che preferivo degli sconosciuti. Non mi sembrava sano spiare troppo spesso la mente di mia madre per quanto bastarda fosse.

Per fortuna una sua amica lavorava in un grosso salone da parrucchiere e poteva fornirci la materia prima.

«Tu lo fai spesso?» chiesi. «Costruisci molte bambole con i capelli di sconosciuti per leggergli la mente?»

«Qualche volta, ma bisogna stare attenti. Io non leggo molto in fondo ma mi è capitato di vivere e sentire brutti ricordi. Vedere le loro paure... può essere il miglior reality del mondo o un brutto film di paura. Quindi ricorda di stare attenta, se vedi o senti qualcosa che non ti piace interrompi subito il contatto. Ci sono esperienze che ti restano addosso come una resina infetta.»

Le settimane successive furono sconvolgenti ma i rapporti che feci ad Anna si discostarono poco da quello che pensavo potesse vedere anche lei. Ero di sicuro molto più dotata, potevo andare più in fondo e vivere esperienze più intense.

Inoltre miglioravo, era come se il mio fisico acquisisse energia da quelle esperienze e la utilizzasse per farmi stare meglio e guarire...

sì, guarire.

Non potevo più smettere, con una cura miracolosa e divertente a disposizione cos'altro dovevo fare?

Selezionavo, dai primi tocchi, le bambole che avevano i capelli di donne con in testa solo il sesso e mi divertivo come non mai.

C'era una tipa in particolare che si faceva scopare quasi da chiunque avesse un pisello. Bel fisico, capelli neri cortissimi e occhi come due pozzi. Era una ninfomane che mi ha fatto vivere esperienze facendosi penetrare ovunque, facendolo con due uomini e una volta anche con tre.

Quella fu l'ultima volta che usai la sua bambola.

Ero me ed ero lei e i tre tipi si diedero manforte in maniera violenta mentre lì teneva/mo tutti e tre dentro...

... e anch'io mi sentivo soffocare, uno nell'ano, uno nella vagina e uno in bocca.

Quello a cui faceva il pompino a un tratto le prese il collo e iniziò a strangolarla, prima piano e poi, sempre più eccitato, con più forza. Lei cercò di bloccarlo ma gli altri due gli dissero di non mollare, c'erano quasi e potevano venire tutti e tre insieme dentro "quella troia".

Avevamo paura ma eravamo intrappolate sul letto dai loro corpi e dal loro peso, ci mancava il respiro. Volevamo smettere ma erano troppo forti e, solo a quel punto... realizzò che quello che era iniziato come un gioco consenziente era diventato, a tutti gli effetti, uno stupro. A quei tre non importava nulla delle sue lacrime e del fatto che avesse iniziato a graffiarli. Le bloccarono le mani e si incoraggiarono dicendole che lo sapevano che stava godendo e che le piaceva.

"Nel mondo reale" ero eccitata e schifata allo stesso tempo. Non riuscivo a sganciarmi ma avrei voluto.

Li sentii venire quasi in contemporanea e, a quel punto sentii tutto il suo dolore.

Si sentiva tradita e aveva paura di quei tre. Mentre loro ridevano e si rivestivano andò in bagno, si lavò in fretta e poi scappò da quella casa.

Finita quell'orribile eccitazione, derivata da uno di quei ricordi tipo sabbie mobili da cui avrei dovuto stare alla larga, corsi in bagno, vomitai a getto stile Esorcista, e piansi.

Passato lo shock, stando attenta a evitare altre esperienze violente, continuai a fare tanto sesso per interposta persona e divenne sempre più una dipendenza. Non riuscivo a smettere. Mi piaceva e mi dava energia: stavo sempre meglio.

Inoltre, con molta cautela, mi spingevo sempre un po' più in fondo. Scoprii come prendere il controllo, girare per la mente delle mie prede, parlarci e, se rompevano le palle pensando di essere matti e di sentir le voci, relegarle in un angolo, farle dormire e, mentre dormivano, fare i miei porci comodi.

Non riuscivo, e non sono ancora riuscita, a possederli e usare I loro corpi. Forse un giorno.

Anna alla fine mi salutò, tornava in Bielorussia, e arrivò un'altra terapista con la quale cercavo di camuffare i miei miglioramenti. Non volevo si sapesse, volevo dare l'impressione che tutto si fosse stabilizzato, non che stessi meglio.

Alla fine però non resistetti più. Volevo fare outing senza diventare un fenomeno da baraccone e godermi la mia nuova vita.

L'unico modo era liberarmi di tutta la mia famiglia, ereditare e andare a vivere, sana e felice dove nessuno mi conosceva.

Avrei aperto un bel salone da parrucchiera e dominato il mio destino creando bambolotti.

Mi serviva solo un piano serio che non mi portasse in carcere. Non volevo fare la fine di quegli imbecilli che uccidevano i loro genitori per ereditare lasciando in giro prove di ogni genere.

Alla fine realizzai che non mi serviva ucciderli, che poteva esserci qualcosa di peggiore della morte e che mi avrebbe permesso di ottenere quel che volevo.

Preparai i bambolotti per mio padre e per Marco, recuperando i capelli dalle loro spazzole e dai pettini. Mi allenai e scelsi il momento.

In quello che definisco come il "loro fottuto giorno del giudizio" li ho aspettati in cucina preparando caffè e riscaldando cornetti. L'odore, degno della miglior caffetteria, li portò giù tutti insieme, i due ometti di casa in pigiama a righe identici e la gran dama in camicia da notte di seta rosa, lunga sino alle caviglie.

Entrati in cucina mi fissarono sbalorditi. Ero in piedi, senza stampelle, e mi muovevo con disinvoltura mentre apparecchiavo la tavola.

«Prego, accomodatevi» dissi sorridente e giuliva. «Dobbiamo festeggiare.»

«Mio Dio!» esclamò mio padre. «Questo è un miracolo»

«Non credo,» risposi poggiando il vassoio con i croissant «i miracoli li fanno gli uomini di chiesa. Questo risultato è merito della stregoneria.»

Mia madre e mio fratello si sedettero e si scambiarono uno sguardo sconvolto. Sembravano dei figuranti nel pubblico di un talk-show.

Mi versai il caffè, aggiunsi lo zucchero, e addentai un croissant al cioccolato.

«Cosa intendi per stregoneria?» chiese mia madre con la sua voce da carriera.

«Ora vi spiego tutto... però mangiate che si fredda. Ci tenevo così tanto a prepararvi la colazione.»

Ero uno zuccherino.

Come tutti quando non sanno cosa dire, e hanno del cibo con cui occupare la bocca, iniziarono a mangiare.

«Siete contenti di vedermi sana e libera di muovermi come una persona normale?» chiesi spingendo via i resti della mia colazione.

Loro iniziarono a blaterare che lo erano ma si trattava dei peggiori attori del mondo.

«Sono mesi che sto meglio» li interruppi dopo un po'. C'è un limite massimo di cazzate e alle falsità che ognuno di noi può sopportare.

«L'ho tenuto nascosto perché volevo avere un vantaggio. È tutta la vita che mi fate sentire una merda e mi ritenete un peso per le vostre vite. Volevo aspettare il momento giusto per sbattervi in faccia il fatto che le cose sono cambiate. Ora sono sana. Posso camminare, ballare e avere una vita.»

«Tesoro, è bellissimo...» iniziò mia madre falsa come una banconota da tre euro.

«Oh, mio Dio smettila» la interruppi schifata. «Non mi hai mai chiamata "tesoro", non è necessario che inizi ora.»

«Michela» prese a dire mio padre poggiando la tazzina «che tu ci creda o no noi siamo felici di vederti guarita... questo cambia tutto...»

«Sì» lo interruppi «ma lo cambia a modo mio. Siete così sciocchi che avete appena mangiato una colazione preparata da me senza pensare che potrei aver avvelenato tutto.»

Si guardarono terrorizzati. Mia madre iniziò a sventolarsi come se avesse delle vampate, Marco sudava come un maratoneta svedese in Kenya e mio padre apriva e chiudeva la bocca senza sapere cosa dire.

«Non preoccupatevi, non morirete. Non sono così stupida» sorrisi.

«Papino non riesci già più a parlare? Il professorone di letteratura è senza parole?»

Stava boccheggiando. Gli altri due lo guardavano e anche loro provarono a parlare senza far uscire altro che versi strozzati.

«Oh, poveri! Sembrate i pazienti di una di quelle case di cura dove volevate buttarmi quando fossi peggiorata... No mammina, non negare lo so cosa stavate pensando.»

Mi alzai e mi spostai verso la finestra, mio padre provò ad alzarsi ma le gambe non lo ressero e cadde.

«State tranquilli, è tutto calcolato. Prima la voce, poi le gambe e alla fine le braccia. È giusto che sappiate cosa provavo io da disabile. E sarà ancora più equo se lo proverete sapendo quanto mi fate schifo.»

Mi spostai verso l'ingresso mentre il campanello iniziava a suonare:

«Ci sono visite per voi, torno subito.»

Mi mossi leggiadra e saltellante neanche fossimo in un musical.

Tornai con tre loschi figuri vestiti da infermieri dell'inferno. I camici erano logori e macchiati da ogni tipo di secrezione, le scarpe da ginnastica erano nere e infangate e i loro visi rossi, con la barba non fatta e gli occhi di gente a cui non affideresti nemmeno un cartone del latte vuoto.

Mi godetti il terrore negli occhi di quella mia famiglia del cazzo.

«Loro sono Teo» iniziai indicando quello più a sinistra a mio padre steso in terra «e sarà il badante di papà. La dote di Teo è quella di avere poca pazienza e un pisello da trenta centimetri con cui gli piace punire i pazienti. Quello in mezzo si chiama Massimo e penserà a te Marco. Come Teo è ben dotato ma gli piace farsi spompinare... credo che insieme vi divertirete... almeno lui.»

Mi sedetti di nuovo e presi un altro croissant sorridendo a mia madre.

«Per te, mio "tesoro" di mamma, l'ultimo e più bravo... ma non per farti scopare, ti piacerebbe di sicuro visto i tuoi trascorsi. Ivan ha una predilezione per le torture sulle zone intime e su come curarle. Gli piace da morire ripassare sulle ferite che non si sono ancora rimarginate.

«Vi divertirete insieme. Storpi e trattati di merda per il resto dei vostri giorni.»

Piangevano disperati. Avrebbero voluto supplicarmi ma non potevano.

«Un'ultima cosa per togliervi tutte le speranze. Nessuno potrà salvarvi scoprendo che vi ho avvelenati e fornendovi un antidoto. A un esame medico risulterete solo affetti da un rarissimo disturbo neurologico di origine ignota... il veleno che ho usato era nelle vostre menti che ho letto e fuso fra loro per creare questo posto: un incubo in evoluzione creato dalla mia fantasia. Sarà il vostro inferno in terra.»

"Nel mondo reale" ora sono io la tutrice e quei tre sono accuditi da quanto di più simile agli infermieri dell'incubo. Io mi limito ad assicurarmi che li tengano in vita.

Sono sempre più bella, mi sono trasferita e sono innamorata. Lui sembra perfetto ma non voglio correre rischi e, prima di fidarmi, ho deciso di preparare un bel bambolotto.

Ho sempre più energie e devo trovare nuovi modi per sfruttarle. Stanotte credo che, per la prima volta, proverò a volare... ma senza scopa.

CAPITOLO 12

LA VECCHIA

Ricordo distintamente il momento in cui feci la foto alla vecchia. Lo ricordo così bene per le cose terribili che accaddero dopo, ovviamente, ma anche perché, mentre scattavo la foto, il ragazzino che mi aveva appena superato cadde rovinosamente dalla sua bicicletta, spalmandosi sull'asfalto.

Ricordo di aver rimesso in tasca il cellulare e di essere corso verso il ragazzino steso per terra. La bici era finita a testa in giù, con una ruota che mulinava nell'aria. Lui per fortuna non si era fatto niente – a quell'età siamo praticamente di gomma – e quando mi rigirai verso la vecchia, mi accorsi che non aveva minimamente cambiato posizione. Era sempre là, rannicchiata in mezzo

al giardino, con il suo cappellodipaglia,gliutensilidagia-
rdinaggioappoggiatisulla panchina di pietra di fianco a
lei, intenta a fissare il buco nella terra che aveva davanti, come se ci fosse qualcosa di estremamente in-
teressante sul fondo. Era girata per più di tre quarti
nella direzione opposta alla mia e quindi non riuscivo a
vederla in viso, ma capii che era una donna dalle unghie
ben curate (aveva una mano appoggiata alla panchina,
per tenersi in equilibrio) e i lunghi capelli d'argento che
le uscivano dal cappello e che le morivano in mezzo alla
schiena.

Le scattai quella foto perché mi sembrava un bel
quadretto: la luce pomeridiana di inizio primavera, il
verde perfetto del prato, tutto era al suo posto. Avevo
appena parcheggiato e mi stavo dirigendo dalla mia
ragazza, Giulia. Ricordo anche che non vedevo l'ora di
farle vedere la foto, e di dirle che ogni cosa che facevo
la volevo condividere con lei.

Poi successe tutto il resto.

Eravamo sdraiati in mezzo alle lenzuola, a fissare il soffitto. Il sudore del sesso si stava lentamente asciugan-
do, quando lei si girò verso di me e mi chiese che cosa
avessi fatto prima di andare da lei.

È curioso come ripensiamo sempre tardi ai momenti che ci cambiano la vita: quando ci capitano, spesso, sembrano ordinaria

amministrazione. Alle volte quei momenti ti svoltano la vita in positivo, altre in negativo: in entrambi i casi, restano lì a fissarti per sempre.

Fu ovviamente in quell'istante che le dissi del ragazzino caduto dalla bicicletta, e della foto che avevo fatto a quell'anziana signora. Sul momento ovviamente non mi sembrava niente di che, un paio di episodi curiosi che probabilmente mi sarei dimenticato nel giro di qualche settimana. Ancora oggi mi chiedo se già quella risposta bastò a far precipitare gli eventi, oppure fu il momento successivo, quando il mio ego volle farle vedere a tutti i costi la foto che avevo fatto a quella donna rannicchiata nel giardino, davanti a una buca nel terreno.

Così presi il cellulare, aprii la solita app delle foto, e feci comparire a tutto schermo quella che avevo scattato un paio d'ore prima. Per un momento rimasi interdetto, mentre Giulia mi prendeva dalla mano il cellulare per guardare la foto più da vicino.

L'immagine era cambiata.

La vecchia non era più semplicemente rannicchiata a guardare il buco nella terra, con una mano appoggiata alla panchina di pietra lì di fianco. Ora le si potevano intravedere gli occhi, perché guardava l'obiettivo da sopra la spalla sinistra, con fare ammiccante. La mano che prima aveva le unghie curate ora ce le aveva scolorite, sbeccate, e non era più posata sulla pietra, ma reggeva delle cesoie semiaperte; nell'altra mano, librata a mezz'aria, teneva quello che sembrava un anello di fidanzamento, con un piccolo diamante azzurro nel mezzo.

«Ma vuole tagliare a metà l'anello?» chiese con fare curioso la mia fidanzata.

Le ripresi dalle mani il cellulare e provai a cercare l'altra foto, quella che ero sicuro di avere scattato.

Non c'era. Come unico scatto di quel pomeriggio – e l'ora lo confermava – c'era quello in cui la vecchia mi stava spiando da sopra la spalla. E dall'espressione che avevano quegli occhi, sembrava stesse sorridendo.

Ora ne sono sicuro.

Giulia mi disse il suo segreto tre settimane dopo quel pomeriggio: ci vedemmo per un gelato, seduti ai tavolini di un bar all'aperto. Si mise a piangere a metà del discorso, ma lo avevo capito appena

l'avevo vista da lontano, mentre si torceva in modo compulsivo una ciocca di capelli e continuava a sbattere nervosamente la gamba destra, mentre mi aspettava.

Si chiamava Marco e si vedevano già da qualche mese. Quattro mesi, per la precisione. Mi disse che all'inizio era stato solo un gioco, poi sfociato in passione, e ora si erano innamorati a tal punto da mandare a puttane le loro rispettive relazioni. Non riuscii quasi a ribattere, tanto il mondo mi si stava sgretolando sotto ai piedi.

Stavo pensando a quanto stupido fossi stato, ma soprattutto la mia mente continuava a focalizzare il piccolo contenitore ricoperto di velluto blu che avevo nel primo cassetto della mia scrivania, quello che avevo comprato qualche giorno prima e che avevo programmato di dare a Giulia un paio di weekend dopo, quello che avremmo passato al mare.

Ancora oggi mi chiedo se comprai quell'anello spinto solo da quella strana foto, come una sorta di profezia che si avvera. Sono sicuro che Giulia non si ricordava nemmeno di quello scatto, ma io continuavo a pensarci. Ci stavo pensando anche quando sono entrato dal gioielliere? Non lo so. Dopo tutto quello che è successo dovrei sapere molte più cose sulla vita e sul mondo, ma mi accorgo che so sempre meno, in realtà.

Giulia mi lasciò lì interdetto, lei in lacrime che continuava a ripetermi che le dispiaceva ma che non ci poteva fare niente, che era andata così.

E continuò ad andare così. Anche col dottore.

Avevo ovviamente provato a cancellare la foto, ma a quanto pareva non era possibile. Ho fatto finta di credere fosse un bug del sistema del mio cellulare, ma sapevo benissimo che c'era dell'altro. Neanche i tecnici dei vari negozi hanno potuto fare niente, rimanendo esterrefatti davanti a un problema che nessuno aveva mai riscontrato: era come se quella fotografia non fosse semplicemente un file digitale ma una scritta secolare incisa nella pietra.

Allora cambiai cellulare quantomeno per non avere quell'immagine sempre sotto gli occhi e a portata di mano, anche se sapevo benissimo dove ritrovarla nel cloud. Non sto neanche a dirvi che provai a cancellarla da lì, perché tanto immagino sappiate già come andò a finire.

Tutto questo succedeva alla fine dell'estate, e verso metà autunno cominciarono i dolori alle gambe. All'inizio credetti fossero dovuti alla poca attività sportiva che avevo svolto nei mesi precedenti – dopo la faccenda di Giulia mi ero ritirato in me stesso e non avevo di certo voglia di giocare a calcetto o anche solo andare a correre col rischio di incrociarla – ma poi si fecero via via più insistenti, e dovetti andare dal medico.

Non lo so perché controllai la foto prima di entrare nello studio. Forse perché in cuor mio sapevo che c'era qualcosa che non andava e volevo saperlo subito, convinto che la foto me lo avrebbe rivelato. Infatti, la vecchia non stava più per tagliare l'anello con delle cesoie: ora era seduta sul bordo del buco nella terra, con la faccia rivolta verso l'obiettivo. Era molto più anziana di quanto mi ricordassi: teneva in mano un foglio con una grossa firma in basso, e mi sorrideva sdentata; i capelli erano sì grigi, ma più simili al colore di un vecchio topo malato che al chiarore della luna.

La visita fu abbastanza breve, tutto sommato. Il dottor Luini aveva già visto gli esami e aveva solo dovuto constatare con mano quello che mi stava succedendo. Quando uscii dallo studio, vidi le altre persone in sala d'aspetto guardarmi: tutti quelli che lo fecero, distolsero subito lo sguardo. Non dovevo avere una bella espressione, e nemmeno un bel colorito. Queste due condizioni di solito potevano dire un sacco di cose, ma per uno che usciva dallo studio di un medico le possibilità di interpretazione si riducevano.

Mentre il tram mi riportava a casa, riguardai la foto. Avevo come l'impressione che qualcosa mi fosse sfuggito. Aguzzai la vista e trovai cosa avevo deliberatamente ignorato al primo sguardo: in fondo al giardino, all'ombra di un albero, c'era una sedia a rotelle.

Sono passati quasi tre anni, ormai.

Giulia e Marco si sono sposati e aspettano un bambino. L'ultima volta che l'ho sentita è stato qualche mese fa, quando mi ha chiesto come andasse, se avevo piacere di prendere un drink insieme a lei. Per un po' ho pensato di non risponderle proprio, poi ho gentilmente rifiutato. Visto cos'è successo poi e come sta per finire per me, sono quasi contento che per lei sia andato tutto bene.

Ho ovviamente perso il lavoro: facendo il rappresentante viaggiavo spesso, e nelle mie condizioni era diventato impossibile spostarmi.

Riuscii a mantenere per qualche mese il posto in ufficio, ma poi la crisi e altre stronzate del genere hanno dato il colpo definitivo all'azienda e anche al mio stipendio. Anche in quel caso me lo sentivo sarebbe successo, ma ho evitato di guardare la foto: non lo avevo più fatto da quando il medico mi aveva dato la notizia, e non volevo farlo mai più.

Ma qualche sera fa, quando avevo più Jack Daniel's che acqua in corpo, ho aperto quella cartella e ho guardato la fotografia che avevo scattato molto tempo prima, in un bel pomeriggio primaverile che ormai apparteneva a un'altra vita.

Non mi stupii affatto di vedere una cosa diversa da come me la ricordavo l'ultima volta.

La vecchia – ormai decrepita, di un'età indefinibile e al di là dell'umana comprensione – si era calata nella buca che aveva nel giardino; la buca non doveva essere molto profonda, perché la donna era evidentemente in piedi e sbucava dal terreno dal seno in su. Ora era totalmente rivolta all'obiettivo, e sorrideva apertamente. I denti, se mai li avesse avuti tutti, non c'erano più. Due gengive grigiastre sbucavano dalle labbra sottilissime, anch'esse di un rosa spento. Con la mano destra si teneva la gola, nel gesto simulato dello strangolarsi, e la lingua le usciva dalla bocca, mentre strabuzzava gli occhi in modo ironico. Nella mano sinistra, rivolta verso la testa, teneva l'oggetto che molto probabilmente era stato sempre sul fondo della buca, prima invisibile ai miei occhi. Lì di fianco era appoggiata una scatola di legno foderata all'interno, con il coperchio spalancato. Dietro di lei, il cielo da azzurro era diventato blu scuro, quell'inconfondibile colore che hanno le nuvole prima di un violento temporale estivo.

Non ho mai capito cosa mi sia successo, se quella vecchia ha davvero predetto le cose brutte che mi stavano per accadere o più semplicemente le ho fatte accadere io perché quelle strane fotografie mi avevano solo suggerito cosa fare, partendo dall'anello fino all'ignorare per molto tempo il dolore alle gambe.

Come dicevo, questa storia avrebbe dovuto insegnarmi qualcosa, ma non mi ha insegnato proprio niente. Ho deciso da tempo che non ho più voglia di darmi una spiegazione. È chiaro che la faccenda della foto una spiegazione logica non ce l'ha, intendo proprio in un senso più ampio: perché l'amore della mia vita ha deciso che io non andassi più bene? Perché sono finito su una sedia a rotelle quando ero ancora ben lontano persino dalla mezza età? Perché alla gente perbene succedono cose terribili ogni giorno, ogni ora, ogni minuto?

La risposta è sempre e solo una: perché di sì. È la soluzione migliore che sono riuscito a trovare.

Qui di fianco a me ho la pistola che la vecchia tiene in mano nell'ultima versione della foto. Doveva già succedere o me l'ha suggerito lei? Era inevitabile? L'ho deciso io o ho solo seguito il terribile susseguirsi degli eventi?

Non lo so.

Ecco un'altra risposta che ho imparato a darmi senza struggermi cercandone una migliore.

Milton Keynes UK
Ingram Content Group UK Ltd.
UKHW022014020124
435341UK00013B/223